# 柳公权评传

中国历代书法家评传

何炳武 党斌 著

陕西新华出版

太白文艺出版社·西安

图书在版编目（CIP）数据

柳公权评传 / 何炳武，党斌著. -- 西安：太白文艺出版社，2018.6（2023.6重印）
（中国历代书法家评传 / 何炳武主编）
ISBN 978-7-5513-1205-9

Ⅰ. ①柳… Ⅱ. ①何… ②党… Ⅲ. ①柳公权（778-865）-评传 Ⅳ. ①K825.72

中国版本图书馆CIP数据核字(2017)第185187号


**柳公权评传**
LIU GONGQUAN PINGZHUAN

| | |
|---|---|
| 作　者 | 何炳武　党　斌 |
| 责任编辑 | 李明婕 |
| 封面设计 | 可　峰 |
| 出版发行 | 太白文艺出版社 |
| 经　销 | 新华书店 |
| 印　刷 | 三河市同力彩印有限公司 |
| 开　本 | 787mm×1092mm　1/16 |
| 字　数 | 172千字 |
| 印　张 | 13.5 |
| 版　次 | 2018年6月第1版 |
| 印　次 | 2023年6月第3次印刷 |
| 书　号 | ISBN 978-7-5513-1205-9 |
| 定　价 | 42.00元 |

# 序

陕西省书法家协会名誉主席　雷珍民

陕西古为雍、梁之地,又称三秦大地,纵贯南北,连通东西,位于中国地理版图的中心区域。在整个周秦汉唐时期,关中地区都是古代中国政治、经济、文化的中心。数千年来,悠久的历史、厚重的文化,为陕西书法的不断发展繁盛、经久不衰提供了充足的营养。

在三秦文化肥沃的土壤之上,历代书法名家辈出,传世的精品碑帖不计其数。商周时期的青铜器铭文、先秦时期的石鼓文、西安碑林所藏的秦李斯《峄山碑》、汉熹平石经《周易》残石、《曹全碑》《大唐三藏圣教序碑》《道因法师碑》《颜勤礼碑》《颜家庙碑》《多宝塔感应碑》《玄秘塔碑》等皆堪称书坛瑰宝。众多作品中仍以隋唐时期为盛。隋代的智永,初唐时期的欧阳询、虞世南、褚遂良、薛稷,中晚唐时期的颜真卿、柳公权都是绝贯古今、声名显赫的书法大家。陕西因此而享有"书法的故乡"之美誉,声闻海内外。

改革开放之后,随着社会经济文化的不断发展,中国传统文化逐渐复兴,书法作为中国传统文化中最有特色的一门艺术也获得了长足的发展。一方面,在传统文化全面复兴的大潮下,书法有了更广泛的群众基础。由于书法在塑造完美人格、培养高尚优雅审美情趣等方面有着不可替代的作用,也越来越受到社会各界的认可。业余书法爱好者的数量迅速增加,书法艺术群众化、民间化的趋势日益明显。另一方面,从事书法研究的专业队伍不断壮大。整个陕西书法界呈现出百花齐放、百家争鸣的良好态势。陕西的书法家们通过作品展览、专题讲座、理论研讨等多种形式积极弘扬传统书法艺术,推动陕西书法事业的不断发展。书法研究者能够潜心钻研书法,发表论文,出版专著,举办展览,开坛讲学,在理论、实践等方面都取得显著成绩的同时,也将陕西书法的声誉和影响拓展到三秦大地之外更为广阔的领域中去。

近年来,专业人员积极投身书法理论研究,将书法的专业研究与群众普及结合起来,扩大陕西书法群众基础,推动陕西书法进入了新阶段。为了更好地传承祖国的书法艺术,陕西省社科院中国书画研究中心何炳武主任主编了《陕西书法史》。这套书出版后引起了较大的社会反响,对深入认识陕西书法、普及书法发挥了重要的作用。

现在,陕西省社会科学院中国书画研究中心又撰写了"中国历代书法家评传"丛书。他们选择中国书法史上最具代表性的书法大家作为研究对象,通过多种渠道搜集相关文献资料,进行深入的个案研究。其研究视角不仅仅关注书法家书法风格形成的历史背景及时代风貌,更注重其书法思想、理论的研究,关注书法家对前代的继承、创新和对后世的影响,将书法家的人生经历、时代背景与其书法创作紧密联系起来。这样的研究方法突破了传统研究中书家与书作相分离的局限,也为书法研究开辟了一条崭新的道路。

"没有高度的文化自信,就没有中华民族的伟大复兴。"十九大以来,随着中华民族伟大复兴进程的加快,更好地传承中国优秀传统文化,深入挖掘中华优秀传统文化的内蕴,是摆在我们面前最重要的任务,也是每一个学人在新时代下的责任。我认为,这套丛书的陆续出版,对于推动陕西书法事业的发展和弘扬祖国优秀的传统文化都具有重要的意义。

是为序。

2017 年 10 月 16 日

# 目录

# 第一章　墨宝扬名报国心

　　无论是唐代宗——一位不为大众熟悉的唐代君王，还是大历十三年（778 年）这样一个中国历史上稀松平常的年份，都不足以引起各位读者的好奇和兴趣。然而，"唐代宗大历十三年"对于准备阅读本书的读者来说，却是一个不可不知，也永远无法忘却的年份。中国书法史上里程碑式的人物在这一年诞生了，他就是柳公权。

## 一、大唐王朝　书至极盛

　　公元 589 年，隋文帝统一了中国，结束了南北朝对峙的局面。但隋朝的统治只艰难地延续了三十七年就被农民起义推翻了。公元 617 年，隋朝将领唐国公李渊（566—635）与其子李世民（599—649）在晋阳（今山西太原）起兵反隋；公元 618 年，在长安建立了一个新的王朝，它就是中国历史上封建社会的鼎盛时期——大唐王朝。

　　唐朝结束了隋炀帝的暴政，巩固了隋朝重新统一的局面，经济和文化都取得了空前发展，达到了鼎盛，在当时的亚洲乃至全世界都处于领先的地位。其中，唐代文化所取得的成就尤为世人瞩目。在众多的文化类型中，书法作为中华文化的精髓，在隋唐时期，进入了极盛阶段。

　　柳公权出生之时，唐王朝已经开始走向下坡路。如果说安史之乱后，唐肃宗李亨（711—762）还希望力挽狂澜恢复玄宗在位时期辉煌的大唐盛世的话，唐代宗（762—779）的统治则完全是安于现状、抱残守缺。在他统治的十七年中，李唐王朝庞大的身躯表现出了前所未有的疲态。我们相信唐代宗李豫在借酒浇愁一醉方休之时，蒙眬的双眼中依稀看到的应该是先祖们浴血奋战、励精图治所建立的盛唐气象。

书法艺术在唐代取得光辉夺目的成就，与唐代的历史和社会因素密不可分。

首先，政治上的统一、民族及民族文化的大融合为书法艺术的繁荣发展提供了条件和土壤。隋唐结束了魏晋南北朝群雄并起、争霸中原的分裂局面，实现了人民对于统一的渴望，新的大一统王朝之下，出现了前所未有的安定局面。在近三百年的战乱之中，匈奴、鲜卑、羌等少数民族入主中原地区，与当地汉族人民共同生活，在生活习惯、思想文化等方面互相影响，互相融合。唐代书法的发展风格也必然深受统一、融合趋势的影响。

其次，由于当时的封建统治者借鉴前代历史，认识到了"水能载舟，亦能覆舟"这一重要的历史教训，因而采取了一系列稳定统治、促进生产发展的措施。正如《贞观政要》卷八中所说："太宗谓侍臣曰：'国以民为本，人以食为命，若禾黍不登，则兆庶非国家所有。……今省徭赋，不夺其时，使比屋之人，恣其耕稼，此则富矣。'"①统治者所推行的积极政策使得从贞观到开元的一个多世纪中，经济的发展达到了顶点，科学技术取得了重大的进步，农业技术有了进一步的提高，到处呈现出一派生机益然、繁荣昌盛的景象，正如杜甫在《忆昔》之二中所描述的：

> 忆昔开元全盛日，小邑犹藏万家室。
>
> 稻米流脂粟米白，公私仓廪俱丰实。
>
> 九州道路无豺虎，远行不劳吉日出。
>
> 齐纨鲁缟车班班，男耕女桑不相失。
>
> 宫中圣人奏云门，天下朋友皆胶漆。
>
> 百余年间未灾变，叔孙礼乐萧何律。

---

① 〔唐〕吴兢：《贞观政要》卷八，上海古籍出版社，1999 年。

岂闻一绢直万钱，有田种谷今流血。

洛阳宫殿烧焚尽，宗庙新除狐兔穴。

伤心不忍问耆旧，复恐初从乱离说。

小臣鲁钝无所能，朝廷记识蒙禄秩。

周宣中兴望我皇，洒血江汉身衰疾。①

　　文化的发展未必能与经济的发展保持高度的一致，但是经济的繁荣却是文化繁荣的基本条件，"贞观之治"与"开元盛世"不仅是唐代政治清明、经济高速发展的标志，还是唐代文化繁荣兴盛的坚实物质基础。

　　第三，在政治上大一统、经济上大繁荣、文化上大融合的基础之上，唐前期的统治者采取了重视文化发展的政策。他们鼓励文化交流，在本土文化肥沃的土壤上，不同地域、不同民族、不同风格的文化兼容并蓄，相互融合，造就了唐朝独有的文化精神、文化气候。在这种氛围下，唐代不同门类的艺术蓬勃发展，如舞蹈、音乐、建筑、书法、绘画、雕塑、文学等都达到了极高的水平。高水平的各种艺术形式之间相互影响、相互启发的例子在唐代是十分常见的。如唐代杰出的山水田园诗人王维不仅在诗坛占据着重要的地位，他在绘画方面的造诣也非常高，堪称南宗画派的开创者。后人在研究王维的诗画作品时，得出了"诗中有画，画中有诗"的经典评论，从某个侧面揭示出这位诗人诗作与绘画艺术之间相互影响，相得益彰的一点端倪。唐代书法艺术的发展必然从诗歌、绘画、建筑等艺术形式之中获得充足的养分。这些养分，不仅仅来源于那些早已功成名就的诗坛名家、画中圣手，还来自于那些默默无闻的老百姓。正如罗丹所说：

　　　　我们也不能忘记：艺术家的工作还有同时代
　　人的协助。你们知道，一个人画画也好，写文章
　　也好，绝非与画幅纸笔单独相对。相反，他不能

---

① 〔清〕彭定求：《全唐诗》，中华书局，1979 年。

不上街。和人谈话，有所见闻，从朋友和同行那儿得到指点，在书本和周围的艺术品中得到暗示。一个观念好比一颗种子：种子的发芽、生、开花，要从水分、空气、阳光、泥土中吸取养料；观念的成熟与成型也需要周围的人在精神上予以补充，帮助发展。经过千万个无名人的暗中合作，艺术家的作品必然更美。因为除了他个人的苦功与天才之外，还包括周围的和前几代群众的苦功与天才。①

唐代书法艺术的发展在众多艺术形式的影响、启迪之下，独树一帜，达到了登峰造极的境界，可谓"书至初唐而极盛"。

要了解书法在唐代逐步走向成熟并达到巅峰的过程，就必须从纵向上把握书法艺术产生和发展的历史传承性，将唐代书法置于中国书法发展的千年长河之中。因为唐代书法的成熟，取决于书法艺术本身的客观发展规律。

书法是中国特有的艺术形式，虽然书法艺术的自觉化至东汉末才发生，但书法艺术的萌生则与汉字的产生大体是同时代的。汉字的形成经历了很长的历史时期，目前发现的与原始汉字有关的资料，主要是原始社会在陶器上遗留下来的刻画符号。但许多文字学家认为，它们还不是文字，只是对原始文字的产生起了引发的作用。大多数文字学家认为"汉字的形成时代大概不会早于夏代"，并在"夏商之际（约在前 17 世纪）形成完整的文字体系"②。为学术界所公认的我国最早的古汉字资料，是商代中后期（约前 14 世纪—前 11 世纪）的甲骨文和金文。从书法的角度审察，这些最早的汉字已经具有了书法形式美的众多因素，如线条美、单字造型的对称美、变化美以及章法

---

① 傅雷译：《罗丹论艺术》，团结出版社，2006 年。
② 裘锡圭：《文字学概要》，商务印书馆，1996 年。

美、风格美等。从商代后期到秦统一中国（前221），汉字演变的总趋势是由繁到简。这种演变具体反映在字体和字形的嬗变之中。西周晚期金文趋向线条化，战国时代民间草篆向古隶的发展，都大大削弱了文字的象形性。然而，书法的艺术性却随着书体的嬗变而愈加丰富起来。

春秋战国时期，各国文字差异很大，是发展经济文化的一大障碍。秦始皇统一六国后，任命丞相李斯主持统一全国文字，这在中国文化史上是一伟大功绩。秦统一后的文字称为秦篆，又叫小篆，在金文和石鼓文的基础上删繁就简而来。著名书法家李斯的代表作秦泰山石刻，历代都有极高的评价。秦代是文字继承与创新的变革时期。《说文解字·序》说："秦书有八体，一曰大篆，二曰小篆，三曰刻符，四曰虫书，五曰摹印，六曰署书，七曰书，八曰隶书。"① 基本概括了此时字体的面貌。隶书的出现是汉字书写的又一大进步，是书法史上的一次革命，不但使汉字趋于方正楷模，而且在笔法上也突破了单一的中锋运笔，为以后各种书体流派奠定了基础。秦代除书法杰作外，尚有诏版、权量、瓦当、货币等器物上的文字，风格各异。秦代书法，在我国书法史上留下了辉煌灿烂的一页，与雄伟的万里长城和壮观的兵马俑一样，气魄宏大，堪称开创先河，是中华民族无穷智慧的结晶。

汉代从公元前206年到公元220年，共四百二十六年，是汉字书法发展史上关键性的一个朝代。汉代分为西汉和东汉，在两汉四百余年间，书法由籀篆变为隶书，由隶书变为章草、真书、行书，至汉末，我国汉字书体已基本齐备。因此，两汉是书法史上继往开来，由不断变革而趋于定型的关键时期。隶书是汉代普遍使用的书体，汉代隶书又称分书或八分，笔法不但日臻纯熟，而且书体风格多样。刘勰《文心雕龙·碑》说："自后汉以来，碑碣云

---

① 〔东汉〕许慎：《说文解字》，中华书局，1998年。

起。"因此，东汉隶书进入了形体娴熟、流派纷呈的阶段，目前所留下的百余种汉碑中，呈现出琳琅满目、辉煌竞秀的风貌。在隶书成熟的同时，又出现了破体的隶变，发展而成为章草，行书、真书（楷书）也已经萌芽。书法艺术的不断变化发展，为以后晋代流畅的行草及笔势飞动的狂草开辟了道路。另外，金文、小篆因为不实用，越来越少而渐趋衰微，但在两汉玺印、瓦当上还有使用，并使篆书别开生面。康有为曾说："秦汉瓦当文，皆廉劲方折，体亦稍扁，学者得其笔意，亦足成家。"①

从汉字书法的发展上看，魏晋是完成书体演变承上启下的重要历史阶段，是篆、隶、真、行、草诸体咸备，俱臻完善的一代。汉隶定型化了迄今为止的方块汉字的基本形态。隶书产生、发展、成熟的过程就孕育着真书，而行草书几乎是在隶书产生的同时就已经萌芽了。真书、行书、草书的定型是在魏晋二百年间。它们的定型、美化无疑是汉字书法史上的又一巨大变革。这一书法史上了不起的时代，造就了两个承前启后、巍然卓立的大书法革新家——钟繇、王羲之。他们揭开了中国书法发展史上新的一页。树立了真书、行书、草书美的典范，此后历朝历代，乃至东邻日本，学书者莫不宗法"钟王""二王"（王羲之及其子王献之），甚至尊称王羲之为"书圣"。王羲之的侄子王珣也擅长行书，传世作品有《伯远帖》。

晋至"八王之乱"，王室内讧以后，势力逐渐衰微。在北方，随着西晋的灭亡，形成了"五胡十六国"的混乱时期。后拓跋氏结束十六国，建立北魏，促成了长达一百四十九年的相对统一，这是北朝。晋室东迁至灭亡，从公元 317 年至公元 420 年，历史上称为南朝。此时的书法，也继承东晋的风气，上至帝王下至士庶都非常喜爱。南北朝书法家灿若群星，无名书家为其主流。他们继承了前代

① 〔清〕康有为：《广艺舟双楫》，上海书画出版社，2006 年。

书法的优良传统，创造了无愧于前人的优秀作品，也为形成唐代书法百花竞妍、群星争辉的鼎盛局面创造了必要的条件。南北朝书法以魏碑最胜。魏碑，是北魏以及与北魏书风相近的南北朝碑志石刻书法的泛称，是汉代隶书向唐代楷书发展的过渡时期的书法。康有为说："凡魏碑，随取一家，皆足成体。尽合诸家，则为具美。"① 唐初几位楷书大家，如虞

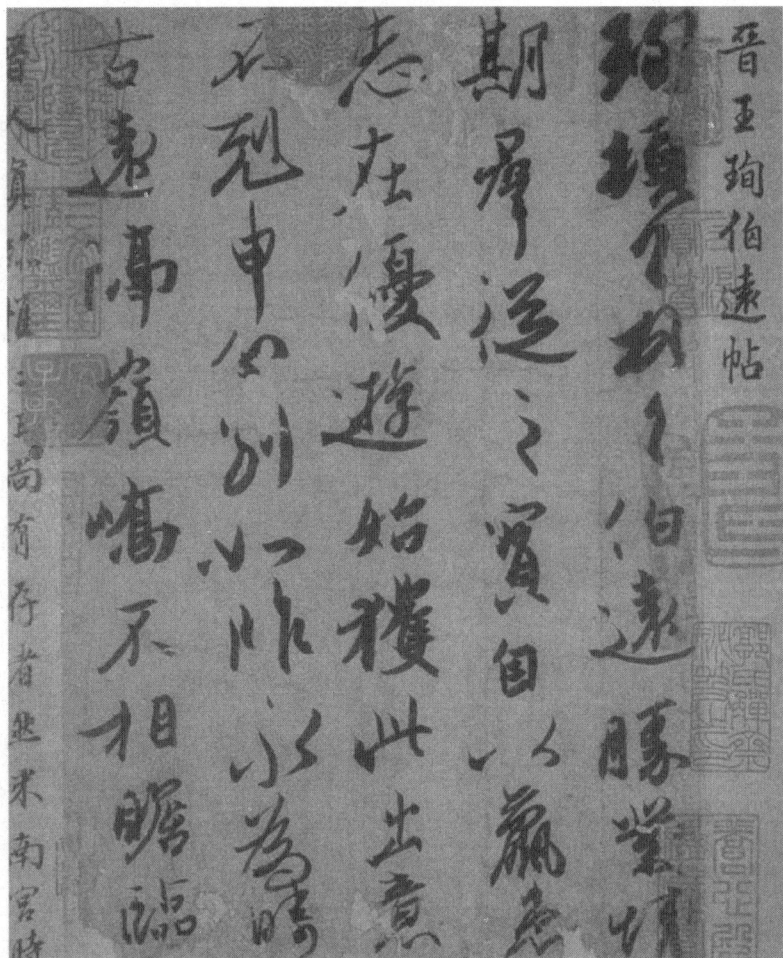

王珣《伯远帖》

世南、欧阳询、褚遂良等，都是直接继承智永笔法，取法六朝的。

　　从商代开始算起，书法艺术走过了近两千三百多年的历程，唐代书法，正是在两千三百多年的历练，数百位前代书法家的探寻之中，一步一步走向成熟，进入极盛的。唐代墨迹流传至今者也比前代多，大量碑版留下了宝贵的书法作品。唐代书坛之繁荣，上承六朝余烈，下启宋元门

---

　　① 〔清〕康有为：《广艺舟双楫》，上海书画出版社，2006 年。

户，书家辈出，诸体兼备。篆、隶、真、行、草，争奇斗艳，并臻极致。尤其真书，自齐周以来，至唐敛入规矩，无论平画宽结，抑或斜画紧结，莫不楷法精善。且家传世袭，格物致用，堪称一代流风，影响所及，以"重法"而垂范百世。因此后人称"唐代书法是我国书法艺术发展的成熟阶段"。这种"成熟"表现在三个方面：第一，唐代书法家人数之多是前代所无法比拟的，堪称楷书大家之人就有虞世南、欧阳询、褚遂良、颜真卿、柳公权等人。同时代的薛稷、张旭、怀素、孙过庭、李邕等人在书法艺术方面同样具备很高的造诣。第二，唐代众多书法家在书法创作上各有千秋，不拘一格。如欧阳询书法成就以楷书为最，笔力险劲，结构独异，后人称为"欧体"。其源出于汉隶，骨气劲峭，法度谨严，于平正中见险绝，于规矩中见飘逸，笔画穿插，安排妥帖。而张旭和怀素二人擅长草书，笔法瘦劲圆转，飞动自然，法度完备，后人赞曰"颠张狂素"。第三，唐代不同时期，书法风格有明显继承和发展。初唐书法家有虞世南、欧阳询、褚遂良、薛稷、陆柬之等，唐代中后期有李邕、张旭、颜真卿、柳公权、怀素、钟绍京、孙过庭。唐太宗李世民和诗人李白也是值得一提的大书法家。楷书、行书、草书发展到唐代都跨入了一个新的境界。从欧阳询到颜真卿再到柳公权，他们追求书法的"意境"，强调书法艺术的创新，同时又不放弃那严格的"法度"，书法的时代特点十分突出，对后代的影响深远。书法艺术在中唐时期达到了新的高峰。站在高峰之顶的人，正是中唐时期的大书法家——柳公权。

## 二、家学渊源　良师益友

柳公权的故乡是唐代京兆华原县，也就是今天的陕西铜川市耀州区柳家原。铜川北接黄陵，南邻西安，自古为京畿之地。它地处中华文化发祥的核心区域，历史传统悠久，文化底蕴深厚。这里有唐高祖、唐太宗、唐高宗三代帝王避暑的行宫玉华宫，著名高僧玄奘曾在这里译经并圆寂于此；这里是著名的耀州窑的故乡；这里还诞生了著名画家范宽、史学家令狐德棻，药王孙思邈等一大批文化名人。柳家原距离耀州区约二十公里，山清水秀，松林茂密，风光优美。现在的柳家原村民之中，已经没有一户柳姓的人家。1985 年，药王山博物馆副馆长王明皋先生在实地考察时，于柳家原让义村东村一处野草丛生的沟边地里，发现了两座古代窑洞遗址，相传就是柳公权出生时所居住的房宅。让义村西村的一片耕地，就是柳家后来建造的房舍、花园和水井的所在地。柳公权出生于此地，是柳家原、耀州区乃至整个铜川人引以为豪的事情。

柳公权画像

　　大历十三年（778）的一个夜晚，整个柳家原还沉浸在睡梦之中。柳家的男主人——柳子温，低着头在院子踱来踱去，焦躁不安地等待着。一声清脆的婴儿啼哭声将整个村落惊醒。婴儿的哭声终止了他的脚步，柳子温抬起头，双眉紧锁，两眼盯着紧闭的房门。门开了，婢女抱出被棉被紧裹的婴儿，满脸笑容地向老爷行礼，道："恭喜老爷，是位公子！"柳子温紧皱的双眉终于舒展开来。古人在孩子的取名上是非常讲究的，对于河东柳氏这样门第尊贵的大家族来说更是如此。柳子温为自己的孩子取名"公权"，小字"诚悬"，希望孩子将来能够科考中举，步入仕途，为官公正廉洁，不畏权贵。这个襁褓中的孩子就是后来堪称唐代书坛最后一位大书法家的柳公权。而柳公权以后八十多年的漫漫人生长路，也正像他的父亲当初设想的那样入仕为官。

　　据《旧唐书》《新唐书》记载，柳公权出身于世代官宦之家。唐代继承了汉魏六朝以来形成的讲究出身门第的风尚。柳公权的家族，属于河东柳氏，一直以来都是名门望族，在社会上有着很高的地位。河东柳氏家族历史悠久，据《姓纂》记载："河东解，秦末有柳安。秦并天下，迁柳氏于河东，始居解（今虞乡）。"柳安又名元安，讳汝瑛。秦王末年甲午，封贤大夫，居河东解县。河东柳氏从此发展了起来。两汉时期，柳氏家族在朝为官者，就有二十余人，且大都担任光禄大夫、御史中丞等品级较高的官职。魏晋南北朝时期，河东柳氏家族更是人丁兴旺，尽管这一时期朝代更替频繁，战乱不断，但无论谁做天子，对于河东柳氏家族都极力拉拢，柳氏家族在政治领域的影响力可见一斑。强大的政治影响力使得柳氏家族的后世子孙从出生的那一天起就与政治有着无法切断的联系。

柳公权的父亲柳子温当时在朝为官，任丹州（今陕西宜川）刺史。刺史这个官职最早设置于汉武帝元封五年（前106），是皇帝加强中央集权的手段之一。汉武帝在位时，把全国分为十三个州，每个州设置一名刺史，负责巡察郡县，对于地方的各种事务，拥有很大的权力。西汉时期，刺史的俸禄为六百石，但他所监察的对象大都是俸禄为二千石以上的太守等高级地方官员。到了东汉时期，刺史的官品逐渐提高，演变成了地方一级的高级官员。唐代时的刺史与地方的太守几乎没有什么差别，成了名副其实的地方官员。柳子温所管辖的丹州位于陕西北部的黄土高原丘陵沟壑区，是唐代都城长安在北方的重要屏障之一。可见，柳子温当时在朝为官，地位是比较高的。事实上，柳公权出身于世代官宦之家，除了担任刺史的父亲之外，柳公权的前辈长者几乎都在朝中为官，而且地位较高。比如，柳公权的祖父柳正礼，曾经担任过邠州（今陕西彬县）士曹参军；伯父柳子华，曾任池州（今安徽贵池）刺史、检校金部郎中、修葺华清池使；叔父柳子金也曾做过南郑县县令。

柳公权的同辈兄弟们，也大都通过科举考试，入仕为官，如柳公度、柳公器、柳公绰等。特别是柳公权的族兄柳公绰，在当朝有着很高的地位。柳公绰与柳公权关系非常和睦，今天柳家原所能见到的柳公权故里，事实上是柳公权和兄长柳公绰二人共同生活过的地方。三孔并列的窑洞，掩映在杂草密林背后的一道深沟之中，四周一片寂静，只有一条若隐若现的崎岖小路通到窑洞之前。三孔古窑年久失修，已经面目全非，如果没有人带路，很难找到柳氏兄弟曾经生活过的这个地方。窑洞前有一棵连理柿子树，生长得依然十分茂盛。传说这棵柿子树是柳公权和兄长柳公绰亲手合栽，因此形成了连理枝的奇特形

柳公绰画像

状。足见二人兄弟情深。当然，这只是后人附会的一个传说而已，从柿子树的树干可以判断，它不可能生长长达一千年以上。不过柳公权和兄长柳公绰的关系确实非常融洽，柳公权对于这位年长自己十多岁，官至兵部尚书的兄长是十分尊敬和仰慕的。

柳公绰在贞元年间时两次登贤良方正科，之后曾先后任渭南尉、殿中侍御史、吏部尚书，鄂岳观察使等职。大和四年（830）又担任了唐代北方战略要地河东地区的节度使，因为任节度使期间政绩卓著，被召还京师，担任兵部尚书一职。大和六年（832）去世后获赠太子太保。河东节度使是唐代中后期十分重要的官职，足见皇帝对柳公绰的重视程度。

众所周知，唐代进入中期以后，出现了政治危机，中晚唐时期唐代政治有三大特点：藩镇割据、朋党之争和宦官专权。其中众多藩镇割据一方，各自为政，形成了极强

的离心力，并最终导致唐王朝走向末路。各个藩镇的最高长官称为节度使，就是柳公权的兄长柳公绰所担任的职务。节度使是唐代地方最高军政长官，因此节度使上任时八面威风，皇帝亲自派重臣为其钱行，节度使管理下的州县官吏，要举行隆重的迎接仪式。通常情况下要搭建高耸入云的彩楼，旌旗招展，鼓角齐鸣。节度使骑在高头大马之上，由武装仪仗与五彩缤纷的旗帜簇拥而来，象征着权力的"双旌双节"高高擎立。节度使名字也就来源于这一朝廷赐予的"双旌双节"。节度使管辖众多州县，总揽辖区内的军事、民政、财政，可谓是雄霸一方。

在唐代设立的众多节度使中，柳公绰所担任的河东节度使地位与其他节度使则又有着明显的不同。河东藩镇的范围主要是今天的山西、陕西北部以及河南的一部分，从地理位置来看，河东地区的中心太原府是高祖李渊和太宗李世民起兵反隋的根据地。河东地区南与唐王朝的京畿要地相邻，是京城长安在北方的一道军事防御线。设置河东节度使的最重要目的在于抵御北方少数民族的骚扰和入侵，保证唐王朝中心地区的安全。在唐朝初期设立的十一个节度使中，河东节度使管理的河东地区是唯一与少数民族紧邻的地区，其拱卫京师的作用是不可忽视的。早在唐初，朝廷便在此处留驻部分军队，并每年派遣士兵轮番戍守。唐高宗、武后时期，突厥、吐蕃、契丹强盛，屡次以骑兵入侵，掠夺内地。由于战事频繁，唐王朝为了加强防御力量和改变临时征调的困难，在河东地区设置了节度使一职，以之与西北地区的少数民族相对抗。

从历任河东节度使的官员来看，同样可以看出河东节度使在朝廷中的重要地位。河东节度使这一官职存在了大约二百一十年（712—923），其间任职的名人有薛讷、张说、李暠、杜暹、牛仙客、安禄山、李光弼、裴度、令狐楚、裴休、李侃、李克用、李存勖等人。在这十四人中，张说、牛仙客、裴度等是当朝的重臣，曾官至宰相一职；

杜暹、李光弼是唐代名将，曾为保卫唐王朝的江山立下了汗马功劳；安禄山、李克用、李存勖等人虽然是藩镇的叛乱将领，但应该承认的是，他们在唐代政治的角逐中也都占据着重要的位置。由此可见，河东地区的首席行政官员总是由受到朝廷信任或者权力极大的人物来担任。柳公绰能够担任这一职务，可见他在唐敬宗、唐文宗心中的地位是十分重要的。

出身于这样一个世代为官的书香门第，使得柳公权与政治一直有着剪不断的联系。在其父辈和兄长的影响下，柳公权从小受到了良好的启蒙教育，再加上柳公权自幼好学上进，十二岁时已能作辞赋，且擅长书法，名震乡里。后人有诗称赞他"悬诚十二工吟咏，元和天子知姓名"。"天子知姓名"的说法不可信，当为公权成名后的过誉之词，但柳公权幼年表现出的过人才华却是可以肯定的事实。"神童"的才华需要有良师加以指导才能真正成才。年幼的柳公权正是得益于多位前辈师长的指导，才能最终成为一代大书法家的。对柳公权的书法风格产生过重大影响的人包括：王羲之、王献之父子，初唐时期的欧阳询、虞世南、褚遂良、颜真卿等书法名家。王羲之、王献之父子所生活的时代虽然与柳公权生活的唐代相去甚远，但二王父子在书法史上有着举足轻重的地位，虽然隋唐时期的书法趋向已经有所变化，但是唐代学书之人对于二王父子的仰慕始终未曾减退过。由于有关柳公权的史料记载不够详尽，究竟前辈书法家的作品对柳公权产生了怎样的影响我们无从得知，但是，根据零星的记载可以推测，柳公权从前辈留下的墨宝中受益匪浅。在柳公权的书法作品中，融合了诸家书法名家的合理成分，形成了自己的风格。除了这些知名书法家之外，对于柳公权的书法风格和政治人生产生最直接影响的人物，当属比他年长十多岁的兄长柳公绰。位居高官的柳公绰，实际上还是当朝著名的书法家、文学家，其代表作有《武侯祠堂记》《紫阳先生碑》

等，可以算是公权的书法启蒙老师。每一个年幼的孩子总有一个崇拜的偶像，在年幼的柳公权心中，柳公绰就扮演着这样的角色，兄长在书法方面的成就和在官场上的作为对柳公权产生了重要的影响。

正是由于受到良好家庭环境的熏陶，良师益友的不断鞭策和鼓励，加之自身的勤奋上进，柳公权的才华逐渐展露出来。成年之后，柳公权像其父兄一样，通过科考走上了入仕为官的道路。

## 三、步入仕途　波澜不惊

隋唐两朝是我国科举制度产生并逐步完善的时期，尤其是唐代，科举制度取代过去的九品中正制成为朝廷选拔官吏的主要途径。于是，金榜题名成了每位读书人梦寐以求的事情，柳公权亦是如此。有了明确的目标，他发奋读书，除了研究《诗经》《尚书》《左氏春秋》《国语》等经学典籍外，他对佛家、道家思想都有很深的研究，并将其与自己的书法练习相结合，如：《金刚经》他多次书写过，如今虽只见敦煌拓本，但前人著录柳书《金刚经》者颇多。另外他还书有《阴符经序》，以及《清静经》《度人经》等。他对唐代僧人的碑志、塔铭多有书写，其《大达法师玄秘塔铭》即此中最为著名者。柳公权也常常为佛寺庙观书碑，有名者如《大唐回元观钟楼铭并序》《复东林寺碑》，即此中佼佼者。科举考试对于读书人来说是十分残酷的，许多人终其一生也没有中举，柳公权在这条道路上全力奋斗，终于在唐宪宗元和元年（806）考中了进士。根据清代学者徐松《登科记考》卷十七引《唐语林》的记载：柳公权"及擢第，首冠诸生"①。说明柳公权是这一年的第一名，也就是考中了状元，这对于封建社会的读书人来说是莫大的荣耀。按照规定，朝廷要授予新科状元一

---

① 〔清〕徐松：《登科记考》卷十七，中华书局，1984 年。

定的官职，柳公权被任命为秘书省校书郎。就这样，柳公权开始了自己的政治生涯。此时的柳公权已是而立之年。

此后，柳公权先后历仕七朝：宪宗、穆宗、敬宗、文宗、武宗、宣宗、懿宗。

柳公权入仕以后并不很顺利，擅长书法并没有为他带来更多的实惠，校书郎的生涯竟然长达十三年之久。柳公权长期不受重用，官职虽然没有变化，但他的书法创作却从未停止过。在此期间，他在校书之余写下了不少书法作品，其中有为佛寺书写的经典，也有应邀为他人书写的碑版。元和十二年（817）十月

柳公权《大唐回元观钟楼铭并序》局部之一

柳州大云寺重修，应同族人柳州刺史柳宗元的邀请，柳公权书写了《柳州复大云寺记》。这是有史记载的柳公权最早的书法作品，它基本上可以代表柳公权早年的书法风貌，初步显示了柳公权的书法才能，也为他日后的仕途生涯做了极好的铺垫。

长期的校书工作使得柳公权深感厌倦，这种厌倦不仅仅是身体上，更重要的是心理上的疲惫。鲁迅先生曾经说过：中国古代文人有一个通病，就是将自己的命运与政治紧密相连。这句话说得不无道理。读书人入仕为官的最终目标是报效国家，柳公权参加科举考试同样是怀着这样的

目的。他自然不会安心于一个终日无所事事的校书郎官位，他同样有着尽忠报国的远大政治理想，一旦时机成熟，这种信念就会爆发出来。据《旧唐书·柳公权传》记载，唐宪宗元和十四年（819），柳公权终于得到了一个难得的机会，"李听镇夏州，辟为掌书记"①。李听是柳公权最敬爱的兄长柳公绰的一位朋友，当时担任夏州（今陕西横山附近）刺史、夏绥宁节度使，他聘请柳公权为幕僚、

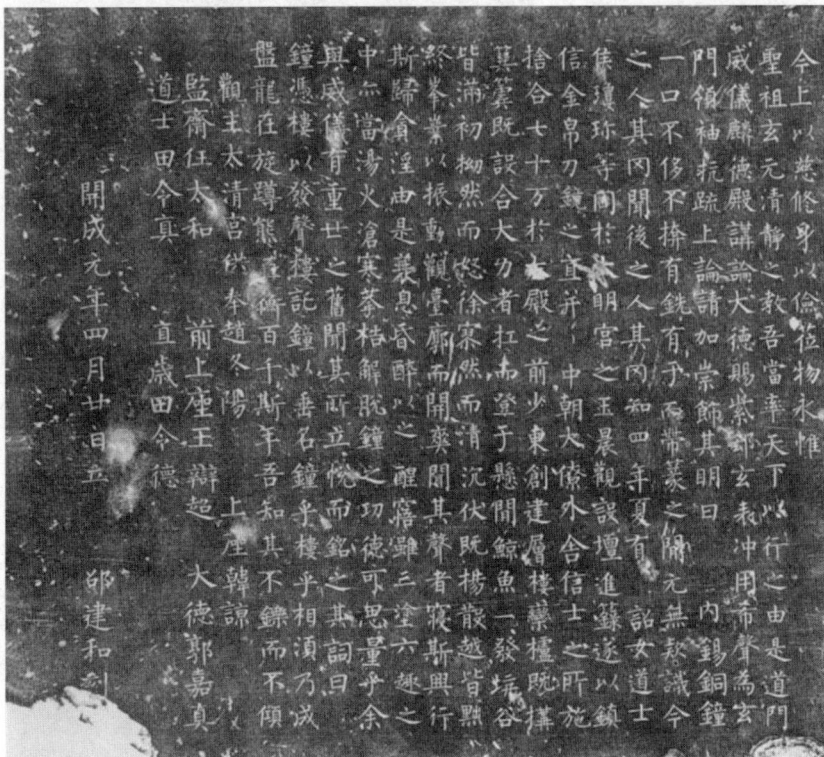

柳公权《大唐回元观钟楼铭并序》局部之二

掌书记兼判官、太常寺协律郎。柳公权离开京城赴任。这一年，柳公权四十二岁，刚入不惑之年。带着对人生的迷茫，对前途的未知，柳公权踏上了北上的行程。因为缺少资料，柳公权在李听处任职的具体情况如何，我们不得而知。根据柳公权在唐开成五年（840）二月李听去世后，

---

① 〔后晋〕刘昫等：《旧唐书》，中华书局，1975年。

亲手为这位曾经的同僚书写《太子太保李听碑》的事实，我们不难想象，柳公权在为李听做幕僚期间，与李听结下了较深的情谊，不然他不可能以六十三岁的高龄提笔亲书。幕僚、掌书记、判官等职务都属文职，所做的是一些具体而烦琐的事务，可是对于柳公权来说，这些事情远远比校书郎的工作有趣得多，因此，他工作起来是十分勤奋认真的。

由于政绩突出，在任掌书记的第二年（820），柳公权接受委派，前往京城长安汇报工作。这成了柳公权政治生涯的又一个转折点。

元和十五年（820）唐穆宗登基即位，三月二十三日，柳公权得到了穆宗的召见。据《旧唐书·柳公权传》记载："穆宗即位，入奏事，帝召见，谓公权曰：'朕于佛寺见卿笔迹，思之久矣。'即日拜右拾遗，充翰林侍书学士，迁右补阙，司封员外郎。"① 据宋代钱易的《南部新书》记载：柳公权曾经在佛寺看到了朱审所做的山水画，于是兴之所至，提笔在墙上写下了一首赞扬朱审画笔传神的诗：

> 朱审偏能视夕岚，
> 洞边深墨写秋潭。
> 与君一顾西墙画，
> 从此看山不向南。②

在柳公权的眼中，朱审的画已经达到了以假乱真的境界，甚至于比真正风景秀丽的终南山更具吸引力。因此柳公权才不能自已，在墙上题诗。中唐时期的诗坛素有诗画互证、以诗论画的风气，柳公权受到这种风气的影响，在诗画互证上也有一定的造诣。我们没有眼福，不能亲眼看见朱审的画作究竟达到了怎样出神入化的地步，但是凭借柳公权的诗作，可以想象朱审的妙笔丹青；通过唐穆宗对

---

① 〔后晋〕刘昫等：《旧唐书》，中华书局，1975 年。
② 〔清〕彭定求：《全唐诗》，中华书局，1979 年。

柳公权的思慕，可以追忆柳公权留在佛寺西墙上那苍劲有力的墨迹。

就这样，柳公权从地方被选拔到了中央，满以为此后可以大展拳脚，实现自己为国尽忠的远大政治抱负，没想到人生再一次与柳公权开了玩笑，他在侍书的职位上一待就是十多年，先后辅佐穆宗、敬宗、文宗三朝帝王，除了官品较高之外，与在任校书郎的时候几乎没有什么不同，报国的壮志再一次受到了无情的冷落。

唐穆宗在位仅仅四年的时间，就因为过量服食"长生不老"的金丹而一命呜呼。长庆四年（824），太子李湛即位，就是后来的唐敬宗。唐敬宗在位期间，柳公权的官品提升到了从六品，任侍书，迁谏议大夫、起居郎等职。起居郎，最早设立于隋炀帝时期，称起居舍人，属于内史省。唐贞观初年开始，在门下省设置起居郎，掌管记录皇帝日常行动与国家大事，以三个月为单位，将记录的内容送交编写国史的史馆。这一职务与皇帝的关系非常密切，通常由皇帝赏识或者喜爱的臣子担任，这说明当时的柳公权是受到敬宗喜爱的。事实上也是如此，敬宗对柳公权的喜爱同样是由于柳公权在书法方面的才华。在唐代由于唐太宗李世民以及后来几个皇帝都雅好书道，同时由于科举考试的作用，书法的地位是比较重要的。但在封建社会，书学毕竟只是末业，士大夫们仅仅以此作为考取功名的敲门砖而已。柳公权担任侍书学士，像一个皇帝的玩物一样，既无权势又不能以此升官发财，难免受到时人的轻视。皇帝的赏识、生活的优裕，并没有给柳公权带来欢乐。他内心反而有种无法排遣的苦闷与隐隐的羞愧。柳公权虽然酷爱书法艺术，但他更有建功立业的进取雄心，在万般无奈的情况下，柳公权再次向自己的兄长柳公绰求助了。

《旧唐书·柳公权传》中记载：

公绰在太原，致书于宰相李宗闵云："家弟

苦心辞艺，先朝以侍书见用，颇偕工祝，心实耻之，乞换一散秩。"①

《新唐书·柳公权传》中也有相似的记载：

> 公绰尝寓书宰相李宗闵，言家弟本志儒学，先朝以侍书见用，颇类工祝，愿徙散秩。②

柳公绰在给宰相李宗闵的信中为自己的弟弟鸣不平，认为柳公权本来志在儒学，而皇帝却长期将他安排在侍书学士的职务上，使柳公权的报国心愿无从实现。当时的柳公绰任兵部尚书，在他的游说之下，唐文宗大和二年（828）七月十五日，柳公权再次得到升迁，任从五品的右司郎中，并兼任兵部二郎中、弘文馆学士等职务。唐文宗开成年间，柳公权与自己的族孙柳璟一起在翰林院担任中书舍人的职务，当时人们把他们二人称为"大、小舍人"。

唐武宗在位时，柳公权迁右散骑常侍，任集贤殿学士、判院事。

唐文宗和唐武宗两朝，柳公权深受两位皇帝的喜爱。唐文宗喜好诗文和书法，十分器重柳公权的才学和书法。他与柳公权谈诗论书，常常直至深夜而无困意。据《新唐书》记载：

> 文宗复召侍书，迁中书舍人，充翰林学书诏学士。尝夜召对子亭，烛穷而语未尽，官人以蜡液濡纸继之。③

此后的宣宗和懿宗对于柳公权这位前朝遗老更是崇敬有加，宣宗时，授太子詹事，改宾客，累迁金紫光禄大夫、上柱国、河东郡开国公。复为左常侍，国子祭酒，历任工部尚书。懿宗咸通初年，柳公以太子太保之职致仕。虽然柳公权的官职位高而无权，但帝王对他的尊敬、对他

---

① 〔后晋〕刘昫等：《旧唐书》，中华书局，1975年。
②③〔北宋〕欧阳修、宋祁：《新唐书》，中华书局，1975年。

柳公权《清静经》局部

书法作品的欣赏，使得这位七朝老臣得以安度晚年。

文宗、武宗、宣宗、懿宗四朝，柳公权通过对书法的研习，将自己政治理想无法实现的不得意心情扫荡而空。他将自己的主要精力放在了书法的创作上。他拥有大官僚的身份，却很少参与政治，而是漫步于书法艺术的殿堂之中，创作了不少极具代表性的作品，如《金刚经》《清静经》《李晟碑》等。透过一通通厚重的石碑，我们走进了暮年的柳公权的心理世界，报国无门使得柳公权将青年时的豪情壮志融入自己的书法创作之中。在柳公权苍老的手中，那支笔捺出了苍劲雄浑的书法神韵。

当然，柳公权晚年时受到皇帝的尊敬和赏识，还有其他的原因，那就是柳公权在文学方面同样有着较高的造诣。据《新唐书·柳公权传》记载：柳公权"从幸未央宫中，帝驻辇曰：'朕有一喜，边戍衣赐久不时，今中春而衣已给。'公权为数十言称贺，帝曰：'当贺我以诗。'宫人迫之，公权应声成文，婉切而丽。诏令再赋，复无停思，天子甚悦。曰：'子建七步，尔乃三焉。'"[1] 在唐文宗和宫女的要求下，柳公权信手拈来，作诗一首，这首诗也成了柳公权流传下来的为数不多的诗作之一，在清人编写的《全唐诗》中收录了这首名为《应制贺边军支春衣》的诗：

去岁虽无战，今年未得归。

皇恩何以报，春日得春衣。

挟纩非真纩，分衣是假衣。

从今貔武士，不惮戍金微。[2]

---

① 〔北宋〕欧阳修、宋祁：《新唐书》，中华书局，1975 年。
② 〔清〕彭定求：《全唐诗》，中华书局，1979 年。

柳公权《李晟碑》

　　这首诗的大概内容是说：在边疆卫戍的战士们去年没有为国家战斗，今年也还没有回家探望亲友，可尽管如此，皇帝还是在阳春三月将新春的衣服准时发放给了这些不曾立功的戍边将士们。衣服的材质很好，将士们即将要回家探亲，穿上这样一身考究的衣服回家，一定十分体面。为了表示对皇帝恩宠的感恩之情，将士们在今后的战争中，自然会更加英勇作战，报效国家。以事命题的诗歌对于大多数文学之士来说不算难，但是要在短时间内做出一首韵律和意境都较佳的诗歌，却也并非一件容易的事情。柳公权不但三步成诗，而且诗的意境恰到好处，风格类似建安文学的代表人物曹植，实属不易。因为这件事情，唐文宗对柳公权更加喜爱了。

比柳公权文学才华出众的唐代文学家不在少数，但是却很少有人能像柳公权那样将文学才华和书法艺术相融合，正是由于柳公权在这两方面的造诣深厚，使得唐文宗朝时，其他的文学之士在柳公权的身边都显得黯然失色。

一年夏天，烈日当空，唐文宗与自己喜爱的一些大学士在大殿中以对联对诗消遣时光。文宗以炎炎夏日为题，出了上联："人皆苦炎热，我爱夏日长。"大殿之中垂手而立的学士们相继对上下联，虽然大都工整对仗，但是缺乏意境，都不能使文宗满意，于是他扭过头来看着柳公权。柳公权不紧不慢，对了一句："熏风自南来，殿阁生微凉。"文宗终于会心一笑，称赞柳公权的对句："辞清意足，不可多得！"柳公权以文宗本意延伸，巧妙运用了"南来熏风"委婉地说明在这样的南来热风之中，只有文宗一人能从中感受到徐徐凉意，凸显了文宗不同于常人的一代帝王身份。这与宋玉在陪伴楚襄王游览湖北兰台宫时所写《风赋》中的"此独大王之风耳，庶人安得而共之"一句，有异曲同工之

大明宫遗址

妙。就这样，文宗下旨要柳公权将这首诗题在大殿的墙壁之上。柳公权的字将这首诗的意境烘托得更加高远。柳公权书写完毕之后，在场的人无一不竖拇指称赞，唐文宗更是赞叹不已，认为即使是前代大书法家钟繇、王羲之复生，也不会比柳公权的书法更高明了。

大明宫复原图

后人因为柳公权诗书皆能，还有许多演绎出的故事。比如：五代时期的王定保曾经编写了一部名为《唐摭言》的笔记小说，其中就有关于柳公权的故事。说的是唐武宗在位时，曾经为一件小事迁怒于一个宫嫔，当时恰好柳公权在武宗身旁伴驾，武宗便对柳公权说："我现在准备责罚这个宫嫔，不过如果你能即兴作诗一首，我就可以恕她无罪。"说完之后就将目光落在了桌上所放的几十幅蜀笺之上，示意柳公权作诗。柳公权略加思索就在纸上写下了一首七言绝句：

> 不念前时忤主恩，
> 已甘寂寞守长门。
> 今朝却得君王顾，
> 重入椒房拭泪痕。①

于是，唐武宗不仅赦免了那个宫嫔，还赐给柳公权锦彩二十匹。柳公权的诗文才能不仅使得自己受到了皇帝的信任和喜爱，而且还能救人于危难之中，可谓是一举两得。然而可惜的是，虽然柳公权传世的书法作品数量不

---

① 〔五代〕王定保：《唐摭言》，上海古籍出版社，1978 年。

少，但是，他的诗文创作流传下来的却仅仅有几首而已，经过清代学者整理之后，收入了《全唐诗》和《全唐诗外编》之中。

除了擅长诗文和书法创作之外，柳公权平生还致力于对传统经学的研究，对《诗经》《尚书》《左传》《国语》等都能熟读成诵，并且有着自己的理解。不过他并不是一个书呆子，《新唐书·柳公权传》中记载：他在音律方面也有一定的造诣，只不过他认为乐舞之声会消磨人的意志，所以很少在人前谈论而已。

唐懿宗咸通六年（865），八十八岁的柳公权安静地离开了这个世界。

柳公权的仕途不能算通达，他在官场的大部分时间品级不高，后来得其兄长举荐才有升迁的机会，却是没有什么实际权力的官职。但他的仕途之路算是比较平稳的，只是在八十一岁那年，柳公权在大明宫含元殿前留下了一件小小的憾事。唐宣宗大中十二年（858）举行隆重的元日朝贺仪式，已八十一岁高龄的柳公权，时任太子少师，朝贺时居百官之首，因巍峨雄伟的含元殿丹墀前是一段漫长的台阶路，他率百官走到殿前时已力软筋绵，脚腿打战。所以上呼尊号时误把"和武光孝"呼成了"光武和孝"，仅这几字之差便被御史弹劾有失仪之罪，幸亏柳公权德高望重，所以只罚了三个月的俸禄了事。

## 四、心正笔正　忠君笔谏

千百年来，柳公权笔谏穆宗的故事一直被人们传为美谈。在大多数人眼中，柳公权是一位忠肝义胆，敢讲真话、不畏权贵的忠臣。这种气节在我国古代封建社会是非常受人尊敬的，历朝历代人都十分推崇这种精神，这也是柳公权人生性格中的一个闪光点。

中唐以后，唐王朝的政治经济状况每况愈下，元和十五年（820）正月二十七日，唐宪宗驾崩于大明宫。同年闰正月丙午，宦官陈弘志、王守澄和中尉梁守谦等拥宪宗的第三个儿子李恒为新的皇帝，二十六岁的李恒在太极殿即位，他就是唐穆宗。第二年改年号为"长庆"。唐穆宗一共在位四年的时间，在他统治期间，宦官专权、牛李党争接踵而至，朝廷的政治日益腐败。穆宗是一位刚愎自用、昏庸无能的帝王，不思励精图治，每天只知道吃喝玩乐，过着骄奢淫逸的生活，大权落到了当时的宦官集团手中。朝中大臣都十分不满穆宗的行为，但没有人敢站出来指责穆宗。柳公权因为是前朝老臣，再加上他的书法作品深受穆宗的喜爱，所以经常旁敲侧击地劝谏穆宗。《旧唐书·柳公权传》中有一段关于公权笔谏穆宗的记载这样写道："穆宗政僻，尝问公权笔何尽善，对曰：'用笔在心，心正则笔正。'上改容，知其笔谏也。"关于这件事情的记载在很多文献资料之中都曾经出现过，大体雷同。柳公权笔谏穆宗的事情应该是存在的，"心正笔正"，是柳公权对唐穆宗的委婉谏言，有人认为应该从两层意思上去理解它的含义。

首先是从伦理观去解析人格与书法的关系。

儒家重伦理道德，在儒学的文化坐标中，书法被视为一种"心学"。刘熙载《艺概》就曾经说过："故书也者，心学也。"[1] 这一渊源出自汉代。扬雄在《法言·问神》中说："言，心声也；书，心画也。声画形，君子小人见矣。声画者，君子小人所以动情乎！"[2] 扬雄看到"书"与内心世界相沟通，君子可以从"书"这一"心画"中流美，而小人也可以在"心画"中显现其真面目。三国时钟繇在《笔法》中也说过："笔迹者，界也；流美者，人也。"柳公权的"心正笔正"实际上是对前人这种观点的又一次丰富和发展。他的"心正笔正"说，以新的命题将

---

① 〔清〕刘熙载：《艺概》，上海古籍出版社，1982 年。
② 〔西汉〕扬雄：《法言·问神》，山东友谊出版社，2001 年。

人格、伦理与书法的关系联通起来，不仅是这一唐代书家巨擘自身的写照，而且成功地进行了一次"笔谏"，收到了一定的效果。

后人对于柳公权的理论进一步加以阐发，使得"心正笔正"的理论得以发扬光大，产生了很大的影响。明代项穆就曾经在"心正笔正"理论的基础上，演化出了"正心—正笔—正书"的书学次序，并认为"正心"应当"诚意""致知""格物"。然后通过"笃行"，达到"深造"，书法也就可以达到出新意、妙意、奇意的境界。① 中国古代哲学史上有"心学"之谓，宋代的陆九渊、明代的王守仁都把"心"看作宇宙万物的本源，提出"圣人之学，心学也，尧舜禹之相授受。"项穆认为，书法，也是一种"心学"的历程，其逻辑起点当以"正心"出发，而最终就会达到"自由的王国"。清代刘熙载又说："书，如也。如其学，如其才，如其志，总之曰如其人而已。""笔性墨情，皆以其人之性情为本。是则理性情者，书之首务。"② 这些都与"心正笔正"有血肉的联系。

其次是从书法艺术的技法本身去分析。

清代梁同书《频罗庵论书·复孔谷园论书》中说：

> 心正笔正，前人多以道学借谏为解，独弟以为不然，只要用极软羊毫落纸，不怕不正，不怕不着意把持，浮浅恍惚之患，自然静矣。③

其实不仅梁同书，早在宋代，姜夔在《续书谱》"用笔"一节中说："'心正则笔正'与'意在笔前，字居心后'，皆名言也。"清代周星莲在《临池管见》中这样分析："柳公权曰'心正则笔正'。笔正则锋易正，中锋即是正锋。"他又说：

---

① 〔明〕项穆：《书法雅言·心相》，中华书局，1983年。

② 〔清〕刘熙载：《艺概》，上海古籍出版社，1982年。

③ 〔清〕梁同书：《频罗庵论书·复孔谷园论书》，中华书局，1985年。

古人谓心正则气定，气定则腕活，腕活则笔端，笔端则墨注，墨注则神凝，神凝则象滋，无意而皆意，不法而皆法。此正是先天一著工夫，省却多少言思拟议，所谓一了百了也。①

这些都是从技法上生发出去，加以评述，也是不无道理的。

可见，后世学者和书家对于柳公权的"心正笔正"都有着自己独到的见解，观点大相径庭。

北宋时期的文学家、宋代四大书法家之一的苏轼说过："柳少师其言心正则笔正者，非独讽谏，理固然也。世之小人书字虽工，而其神情终有睢盱侧媚之态，不知人情随想而见，如韩子所谓窃斧者乎？抑真尔也。然至使人见其书犹憎之，则其人可知矣。"② 因其人品卑劣，书史上宋代权相蔡京被排斥在书家之外。从创作的角度看，"心正笔正"的命题正是深刻揭示了书法与书家内心世界复杂微妙的关系，也是书家人格在书法中的外化和表现。由此也可影射出书家的心态，进而对其作品做出恰当的评价。

明代费瀛《大书长语》中记载："扬子云以'书为心画'，柳诚悬谓'心正笔正'，皆书家名言也。大书笔笔从心画出，必端人雅士，胸次光莹，胆壮气完，肆笔而书，自然庄重温雅，为世所珍。故学书自作人始，作人自正心始，未有心不正而能工书者；即工，随纸墨而渝灭耳。"③ 他认为，书法的练习应当从正心做人开始，其实同苏轼的观点是相近似的。

清代杨宾对于柳公权的"心正笔正"理论是先骂而后赞，并将自己的切身体会写进了《大瓢偶笔》中。杨宾起初认为所谓的柳公权笔谏纯属附会之说，不足为信。后

---

① 潘运告：《晚清书论》，湖南美术出版社，2004 年。

② 王宏生：《北宋书学文献考论》，上海三联书店，2008 年。

③ 〔明〕费瀛：《大书长语》，上海古籍出版社，1996 年。

来，有一次杨宾在自己练字之时，终于领悟到了柳公权所说的笔随心动，心正笔正的真谛。他"在黔使院见山书屋作小楷，觉努、策、波、磔至后半心辄动，动即偏，偏即坏矣。"① 等他调整心理，稳定情绪后，写出的字就比较工整了。此后，杨宾对于柳公权"心正笔正"的理论大加赞赏。

无论是苏轼、杨宾的"人品"说，还是梁同书的"软笔"观点，都有一定的道理，只不过长久以来，由于多种因素的影响，"人品"说的影响力更大一些。

近代以来，书法理论研究者对于"心正笔正"的说法有了更为深入的理解，又提出了一种更新的理论。这种观点的提出者是国学大师、书法名家启功先生，他认为："夫书法之美恶，原与笔之敧正无关。公权不以笔法直告其君，而另引出心正笔正之说。若曰：吾笔即正，足证吾心之正。其自誉之术，亦云巧矣。"② 也有些人坚持认为，唐穆宗最初的用意确实是向柳公权求教书法的用笔技巧，而柳公权回答"心正"事实上和今天书法家们创作时所强调的静心、专心是一层意思，和政治是完全没有关系的。至于唐穆宗听了柳公权的话后居然心有所感，颜面变色，其实是他做贼心虚，自知有愧而已。

几种观点争执不下的情况下，总需要有新的证据来加以证明。

《旧唐书·柳公权传》中记载：

> 便殿对六学士，上语及汉文恭俭，帝举袂曰："此浣濯者三矣。"学士皆赞咏帝之俭德，帷公权无言。帝留而问之，对曰："人主当进贤良，退不肖，纳谏诤，明赏罚。服浣濯之衣，乃小节耳。"时周墀同对，为之肌栗，公权辞气不可夺。

---

① 〔清〕杨宾：《大瓢偶笔》，上海书店出版社，1995 年。
② 启功：《启功书法丛论》，文物出版社，2003 年。

帝谓之曰："极知舍人不合作谏议，以卿言事有
诤臣风采，却授卿谏议大夫。"翌日降旨，以谏
议知制诰，学士如故。①

在众人都赞叹歌颂皇帝的节俭美德时，只有柳公权发
表了不同的意见，他认为皇帝每天日理万机，不应该因为
这些小事而沾沾自喜，应该关注的是"进贤良，退不肖，
纳谏诤，明赏罚"的治国兴邦的大事。由于柳公权的大胆
进谏，使得皇帝将他破格提升为谏议大夫。

柳公权在任职工部侍郎时也有进谏的经历。唐文宗开
成三年（838）的一天，文宗问柳公权："近来外边有什么
议论吗？"柳公权回答说："对郭旼到邠宁做官的事情，有
人在私下里议论，颇有微词。"文宗很奇怪："郭旼是郭子
敬的二儿子，是太皇太后的叔父，做官的时候就没有什么
过错。而且以他金吾大将军的身份管理邠宁这个小地方，
难道还有人背地里说他的不是？"柳公权说："如果他是凭
借着自己的功勋和政绩做官，大家当然不会说什么闲话。
但是大家说他能够当上现在的官职，其实都是因为他向宫
中进献了两名女子，不知道有没有这回事儿呢？"文宗慌
忙说："那两个女子是进宫参见太后的，并不是因为我喜
爱美色让她们进宫来做妃嫔的！"柳公权说："瓜田李下，
普通人家又怎么能完全清楚皇宫中的这些事情呢？不知道
详情，他们自然就要推测。陛下如果希望人们不再议论，
就应当将两位女子遣送出宫。"他随后又举了唐太宗遣返
庐江王妃的故事。文宗听后觉得很有道理，很快就将两位
女子送回了家。柳公权因此得到了"诤臣"的美誉。

此外，《资治通鉴》中记载：

长庆四年甲辰（824）王播以钱十万缗赂王
安澄，求复领利权。十二月癸未，谏议大夫独孤
朗、张仲方，起居郎柳公权，起居舍人宋申锡，

---

① 〔后晋〕刘昫等：《旧唐书》，中华书局，1975 年。

拾遗李景让、薛廷老请开延英论其奸邪。上问："前廷争者不在中邪？①

以上文字记载了柳公权以起居郎的身份和谏议大夫们一起上奏王播贿赂买官的事情，虽然这并不是起居郎分内之事。

如果说流传千古的"穆宗笔谏，心正笔正"的故事由于进谏的语言实在过于隐晦，引起大家争论的话，后边这几则史料则是关于柳公权直言进谏的最好例证。由此我们也可以推断，柳公权的"心正笔正"不仅仅是书法艺术的讨论，"笔谏"的作用应该是存在的。

后人对于柳公权敢于直言进谏的精神给予了很高的评价。宋代苏轼在诗中曾写道："何当火急传家法，欲见诚悬笔谏时。"② 如此等等，不一而足。

柳公权不仅仅是一位拥有冒死进谏的忠心和胆魄的儒生，更是路见不平拔刀相助的仗义豪侠。据说有一年，关中遭了粮荒，贫苦百姓家里几乎都揭不开锅了。这时，地方上的一个地主，为富不仁，横行乡里，他不但不开仓借粮，赈济灾民，反而强令佃户们为他制作一块由名人大家题写的"文魁武魁"的牌匾，以此光耀门庭，显赫一方。佃户们为了租种这个地主的土地，不得不听他的话，忍气吞声地变卖家当，凑钱为他制作一块大匾。

当时的人们都知道柳公权写的字是一字万金，最负盛名，连皇帝都想得到他的字，于是就求柳公权题写匾额。柳公权感到十分奇怪，平民百姓们连饭都吃不饱，要这个牌匾何用？就向大家问明情况。得知事情的经过后，柳公权非常生气，他想了想，很快就有了教训那个地主的办法。柳公权很快就按照佃户们的请求，题写了"文魁武魁"四个大字。佃户们回去之后，立即请来工匠，将牌匾

① 〔北宋〕司马光：《资治通鉴》，中华书局，1987 年。
② 黄玉峰：《说苏轼》，上海辞书出版社，2008 年。

做好，送到了地主家中。

挂匾的那天，地主家里张灯结彩，大摆宴席，亲朋好友都来表示祝贺。酒席之间，一位朋友突然对地主说："东翁，柳公乃天下闻名的书家，他能题写匾额，真是天大的荣幸。不过，这匾上的四个字，怎么都像是缺了一笔啊？"闻听此言，地主慌忙离席仔细观看，果然是"文武"二字各缺了一点，两个"魁"字各缺了一撇。地主一时气得浑身发抖，不知如何是好。这时，那位朋友对他说："请东翁息怒。依我看，这几个字是没有这种写法的，不过柳公权是当世名家，他这样写，一定有自己的道理，我们这些不精通书法的人可能不清楚。你不如把柳公请来，向他表示感谢，顺便当面请教这究竟是怎么回事。"地主点点头说道："只好如此了。"

过了两天，那个地主在家办了一桌十分丰盛的酒菜，特地将柳公权请来。柳公权一到，地主在大门口拱手相迎。宾主落座之后，地主就满脸堆笑地抱拳拱手施礼，对柳公权说："这次，能劳阁下为寒舍题匾，还赏脸大驾光临，实在是蓬荜生辉！今天略备水酒，向您表示感谢，请多饮几杯！"酒过三巡，地主借机向柳公权询问："柳公，恕我冒昧，那匾额的字好像是缺了几笔，不知道这种写法中有什么讲究呢？还望柳公赐教！"柳公权听罢此话，哈哈大笑说："说实在话，匾额上的每个字的确都少了一笔，字原本是没有这种写法的。既然你问了，我也要问你一件事情。如今关中正在遭灾，佃户们都已经无米下锅。你们家富如东海，有用不完的钱财，吃不尽的粮食，但你却不仁不义，根本不可怜和救济那些受灾的人们，反而逼迫他们给你送什么'文魁武魁'牌匾。依我看，你这'文魁武魁'还不如半个锅盔！"

地主听了柳公权的话后，心中有愧。于是答应向佃户们放粮救济，恳求柳公权在匾额上补上那几画缺笔。

柳公权见自己的目的已经达到了，就离开席位，提笔蘸墨，走出大门，对准匾额上的大字，向上抛去。结果，奇迹出现了，那四个大字缺少的笔画当当正正地补在了恰当的位置。"文魁武魁"四个大字神采奕奕，围观的人们无不啧啧称奇。这则传说赞扬了柳公权惩恶扬善，行侠仗义的高尚品德，因此，口口相传，流传千古，在柳公权的家乡，几乎尽人皆知。

尽管有柳公权这样忠心耿耿、仗义助人的进谏忠臣在一旁辅佐，但是，唐穆宗在位期间，喜怒无常，好击蹴鞠奏乐，沉于酒色，不理朝政，把国家政事忘在九霄云外，使唐朝的政治腐败，无力对付藩镇，造成河朔三镇再度割据，朋党斗争更加激烈，争权夺利，互相倾轧的局面。只知享乐的唐穆宗希望自己能够长生不死，于是迷上了道教的炼丹之术，很早就开始服用金丹，希望能长命百岁。长庆四年（824）正月二十二日，他因为长期过量服食金丹而中毒，年仅二十九岁就病死在自己的寝殿之中。

柳公权的忠君笔谏未能敲醒唐穆宗贪恋酒色的灵魂，却给后人留下了一段千秋佳话。

## 五、壮志未酬　墨宝传世

柳公权从小接受《柳氏家训》中关于"忠君""德行"的教导，是一个典型的儒生，在他的内心，奔腾的是为国尽忠的豪情壮志。只可惜，柳公权实在是生不逢时。生活在中晚唐之交的他虽有万丈豪情，却并无用武之地。虽然晚年官居显位，也只能在皇帝身旁进一两句谏言，可惜的是，还不为帝王所重视。岁月的消磨，人生的无奈，使得柳公权将自己的大量时间和精力转而集中于书法创作，经过多年的潜心研究，最终在书法领域取得了辉煌的成就。

柳公权的思想是儒、释、道相融合的一个整体，这也反映了自南北朝以来，儒、释、道三家思想相互斗争、相互感染，并最终在唐代达到融合的一种大的思想趋势。在柳公权的思想之中，既有儒家所倡导的积极入世，通过科举考试入仕为官，又有道家老庄思想的与世无争、清静无为。这两种思想分别代表了柳公权人生不同阶段的两种心境。五十岁之前的柳公权一直受到儒家思想的影响，他钻研儒家经典，"博贯经术，于《诗》《书》《左氏春秋》《国语》《庄周》书尤邃，每解一义，必数十百言"①，力图在政治上有一番作为。五十岁之后，尤其是进入花甲之年的柳公权，精研《庄子》，而且深得精微。少年壮志一扫而空，悟出了道家"无为"的真谛。这种"无为"自然是心中无为。老庄道学认为只有心中无为，才能达到无所不为的境界。晚年的柳公权，儒家的特质依然存在，但思想上起主导作用的是老庄思想和禅学思想。家学渊源的影响，良师益友的教诲，加上自己的清心寡欲、不急不躁，注定了柳公权的书法不会像唐代狂

柳公权《玄秘塔碑》局部

草大家张旭和怀素那样癫狂和放纵。长期担任校书郎、起居郎等文书工作，柳公权也没有机会像颜真卿那样在政治上轰轰烈烈，为国家抛头颅洒热血肝脑涂地。他身为朝臣，恪守儒道，谨慎从事，同时又性格耿直，直言进谏。虽然没有像白居易、裴休等人那样成为居士，但他的行动和做法却有十足的禅宗味道，淡泊无求。

柳公权从释、道思想中汲取心灵的营养，以此从政治的失意之中得到超脱。他对于佛、道方面接触颇多，并将对释、道的研究融入自己的书法创作之中。他曾多次挥写过《金刚经》，如今虽然只能见到敦煌的拓本，但前人著录柳书《金刚经》者颇多。另外公权还书有《阴符经

---

① 〔后晋〕刘昫等：《旧唐书》，中华书局，1975 年。

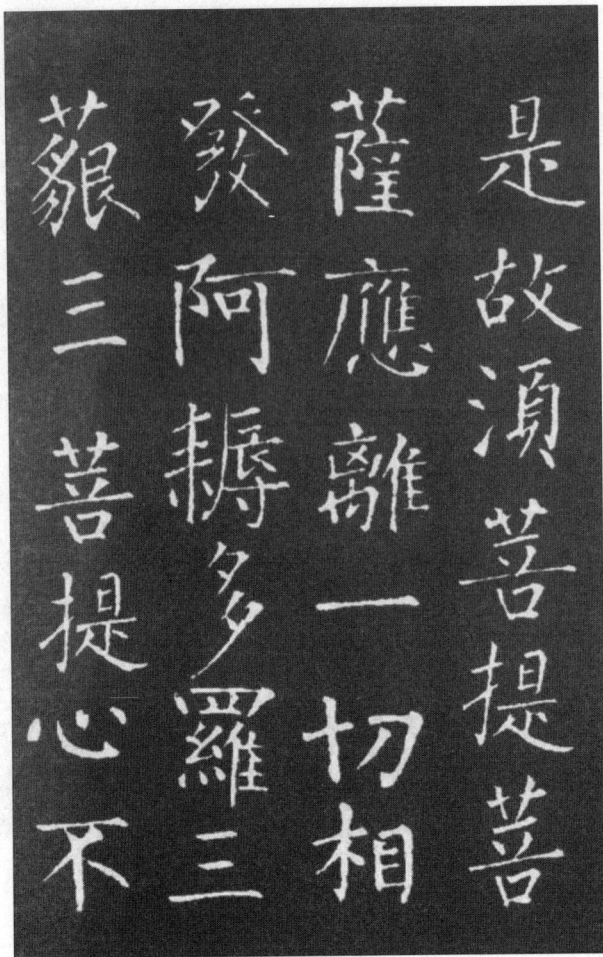

柳公权《金刚经刻石》局部之一

序》，以及《清静经》《度人经》等。他对唐代僧人的碑志、塔铭多有书写，其《大达法师玄秘塔碑铭》成为流传千古的名作。柳公权在佛寺庙观中也常常书碑，《大唐回元观钟楼铭并序》《复东林寺碑》是此中的佼佼者。柳公权心中有了佛道的慰藉，将富贵荣华视为过眼云烟，十分超脱。

天生的禀赋，特有的经历，长久的精研，儒道思想的滋润，使得柳公权在书法方面取得了辉煌的成就。十几岁时的柳公权开始替人书碑，青年时已经名声大噪。由于他书品高，人品更高，因此他在世时，书法作品已经成了极有收藏价值的珍品。正如宋代董逌在《广川诗跋》中所讲：

诚悬（柳公权）以书闻四方，史谓当时中外大臣家书碑刻铭不烦手笔者，子孙以为孝敬不足。故昔时高丽百济入贡，赍货贝以购，书名之重，后世莫及。①

即使是身为九五之尊的帝王，对于柳公权的作品也是十分向往的。如前文所说，唐穆宗一见到柳公权的墨迹就爱不释手，并将他召回京城为官，留在身边。唐宣宗对于柳公权的书法作品也是爱不释手的，据《新唐书》记载：

（唐宣宗）大中初，转少师，中谢，宣宗召升殿，御前书三纸，军容使西门季玄捧砚，枢密

---

① 〔南宋〕董逌：《广川诗跋》，上海书画出版社，1998 年。

使崔巨源过笔。一纸真书十字，曰"卫夫人传笔法于王右军"；一纸行书十一字，曰"永禅师真草《千字文》得家法"；一纸草书八字，曰"谓语助者焉哉乎也"。赐锦彩、瓶盘等银器，仍令自书谢状，勿拘真行，帝尤奇惜之。①

柳公权当殿书写三幅字，"卫夫人传笔法于王右军"，写得端庄凝重，骨力内涵；行书"永禅师真草千字文得家法"则写得潇洒灵动，饶有天趣；最后的"谓语助者焉乎哉也"八字则是龙飞凤舞，飘飘欲仙。难怪宣宗看过之后龙颜大悦，赐给柳公权彩锦银器等物。还命令柳公权自己书写谢状，不管是真书还是行草，只要是柳公权的亲笔墨迹，宣宗就有收藏赏玩的兴趣。帝王尚且如此喜爱柳公权的作品，民间自然更是以得到柳公权的真迹为无比荣耀的事情了。

唐代刻碑之风盛行，将士出征得胜常常要撰写碑文记载功勋，例如韩愈就曾为中唐名将裴度写过有名的《平淮西碑》。官宦之家有人去世，也需要立碑以示纪念。这给唐代书法家提供了大展才华的机会，也推动了楷书在唐代的不断发展。柳公权的字为当时整个社会所推崇，人们都

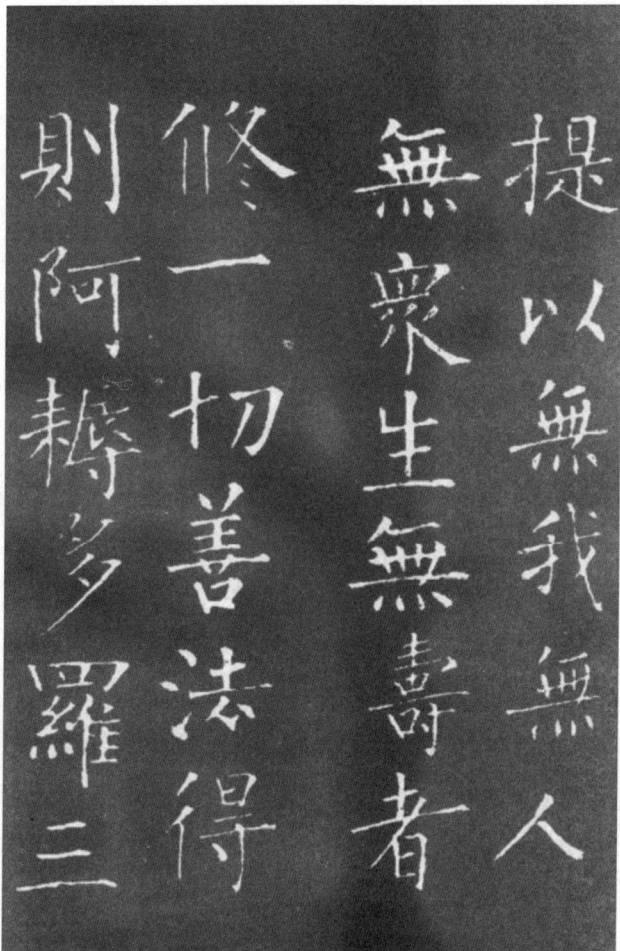

柳公权《金刚经刻石》局部之二

---

① 〔北宋〕欧阳修、宋祁：《新唐书》，中华书局，1975 年。

以获得柳书为幸，只字片语也为人所喜爱。据新、旧《唐书》《唐摭言》等书记载：当时官宦之家有人去世，子孙大多请柳公权前来写墓志，如果得不到柳公权所书写的碑志，人们就会说他们不够孝顺。因此，向柳公权求书的人越来越多，往往不惜重金，辗转相求，柳公权也因此成了京城的富翁。尽管如此，柳公权却为人开朗豁达，不拘小节，慷慨大方，仗义疏财。他在翰林院时"性喜汲引，后进多出其门。以诚明待物，不妄然诺，士益附之"[1]。柳公权常常用自己的钱帮助一些穷困的读书之人，乡里的后辈晚生进京赶考，也大都住在他的家中。据《唐摭言》记载：当时的公卿贵族因为向柳公权求书，赠送给他的金银布帛上万，他的家奴常常私下盗取，其中以贵金属的银器名玩被盗的最多，柳公权其实早已知道实情，却睁一只眼闭一只眼，装看不见。有一次，他询问家人龙安说："那些东西都到哪里去了？"龙安非常紧张，但抵赖说自己不知道。柳公权没有再询问下去，只是笑着说："难道是那些东西都长了翅膀飞了不成！"[2] 可见，柳公权在佛教出世思想的影响下，将钱财视为身外之物，并不计较太多。

不过身为书法名家的柳公权也有自己的喜好，当碰到自己喜爱的东西时，柳公权又会变得"吝啬"起来。工欲善其事，必先利其器。柳公权对于自己喜爱的笔、墨、纸、砚及书籍是十分珍视的，在不用的时候，一定会把笔墨砚台放在一个精致的箱子里边，外面加锁，不轻易示人。柳公权对于砚台非常喜爱，而且很有研究，他认为用青州石制成的砚台质地最好，其次是绛州的黑砚。对于写字所用的毛笔，也同样十分讲究，柳公权喜欢用细管长锋的羊毫笔。宋人吴曾《能改斋漫录》中记录了《柳公权谢惠笔帖》一文："近蒙寄笔，深荷远情，虽毫管甚佳，而

① 〔北宋〕王谠：《唐语林》卷四，古典文学出版社，1957年。
② 〔五代〕王定保：《唐摭言》，上海古籍出版社，1978年。

出锋太短，伤于劲硬。所要优柔，出锋须长，择毫须细。管不在大，副切须齐。副齐则波碟有凭，管小则运动省力，毛细则点画无失，锋长则洪润自由，顷年曾得舒州青练笔，指挥教示，颇有灵性。后有管小锋长者，望惠一二管，即为妙矣。"① 柳公权对于毛笔的选择如此讲究，其书法风格的形成与此也存在着一定的关系。

古人对于毛笔的制作是十分讲究的。相传蒙恬在造毛笔的时候，是用枯木制作笔管，用鹿毛作为主毫，用羊毛作为副毫。所谓"毫"，并不是我们现在所说的竹兔。过去制作毛笔的方法有一个基本的原则，那就是"粗毫居中，细毫居后，强毫为刃，柔毫为被"。在此基础上，再"辅以青麻，束成管状"，用漆液固牢，再用海藻滋润，如此才算做出了一支好笔。这样的毛笔蘸墨书写，中绳垂直，中钩勾勒，方圆规矩有度，灵便顺手，"整日握而不败"，古人称之为"妙笔"，也就是《柳公权谢惠笔帖》中所称赞的毛笔。柳公权在《笔谒》上说："圆如锥，捺如凿，只得入，不得却。"这是说缚笔必须紧束，不得使一毛吐出，否则笔就不好用。此外柳公权还说："心柱硬，覆毛薄，尖似锥，齐似凿。"据说东汉草书大家张芝选择毛笔也是十分慎重的。张芝，字伯英，生活于东汉时期，生卒年不详，敦煌酒泉（今甘肃酒泉）人，是我国最早的草书大师之一。他敢于创新，省略章草的繁难之处，在运笔上使用了流利的笔锋，显示出奋逸的力量，打破了章草的常规，从而创造了行笔自然，刚柔相济，疏密相宜的新型草书，后世将张芝列为"草圣"。连东晋"书圣"王羲之也说自己的草书不如张芝。可惜，张芝书法的原迹流传极少，只有宋刻的《淳化阁帖》卷二载有张芝书法五帖，这些是真品还是伪品，众说纷纭，至今难以论定。张芝的草书能达到行笔自然，穷神尽意的境界，就是因为他擅长

---

① 〔南宋〕吴曾：《能改斋漫录》，上海古籍出版社，1979 年。

选择毛笔。

汉末有些笔匣，雕金、饰玉、缀珠、镶翠。笔管不是犀牛角管，就是象牙管；笔毫不是狐毛，就是兔毛。由此可见古人爱笔、重笔的殷殷之意！南朝有位老太太，善于做笔，用婴儿胎发作笔头。唐朝开元中，有个叫铁头的笔匠，相传他制的笔"莹管如玉"，可惜他的制笔方法没有能传下来。王羲之《笔经》中曾说：天下各郡县的兔毫，只有中山郡的最好，因为这里的兔子肥大而且兔毫很长。用来做笔时，可以先用人的头发数十根和黑羊毛、兔子的细毛混杂在一起，裁剪整齐，然后用麻纸裹住根部，使之平整顺滑。最后再取上等长兔毫，薄薄地包裹在外部，这样的笔质量最佳。这些都是古人论笔的妙语。

由此可见，毛笔的质地与书法的创作确实存在着密切的关系，难怪柳公权对于笔毫的质量如此重视了。

当然，柳公权之所以能够取得前人未曾取得的成就，并不仅仅因为他精于择笔，更重要的是因为他站在了前辈书家的肩膀之上。柳公权从唐代大书法家欧阳询、虞世南、褚遂良、颜真卿等人的书法作品中汲取了丰富的营养。唐代立碑之风的盛行，对于中唐以前的书法家们来说，既是一个展示自己书法艺术的舞台，同时又是一个将书法家的创作局限于法度之中的硬生生的牢笼。碑版的书写具有规范性、严肃性、庄重性三重特点，这就决定了碑版书写时，以楷书为主，经过精心构思才能成书。如清代梁巘所说："唐人书多碑版。凡碑版有格，欲取格之齐，故排兵布阵，方正端严，而法胜焉。"① 碑版书法的创作，帮助欧、虞、褚、颜等人逐步形成了唐楷的严格的"法度"。柳公权与前辈书家一样，书碑的创作也是他书法创作之中最为重要的一个部分。受到前人的影响，他同样十分重视"法度"，只不过柳公权将前人的"法度"融入自

---

① 〔清〕梁巘：《承晋斋积闻录》，上海书画出版社，1984 年。

己的理解。虽然在碑版的创作中不能抒发自己的喜怒哀乐，但却可以在碑版的界格之内，用另一种方式展现自己的书艺技法和艺术追求。柳公权由于无公务缠身，将自己毕生的精力用于完善和发展楷书艺术上，刻意追求楷书艺术形式的完美，因而他所创制的柳体不仅风貌独特，而且法度森严，并不同于以往的唐楷大家，结体之精达到了无以复加的地步。其用笔精审而无丝毫懈怠，笔画的阴阳向背配合巧妙，显示出了柳公权数十载勤学苦练的深厚艺术功力。正是这样一位毕生致力于书法艺术的大师，将唐楷的法度推向了新的高峰，也将自己的名字深深地刻在了中国书法史的丰碑之上。

柳公权为后人留下了许多书法作品。据有关专家考证和整理，柳公权一生共创作有近百余件书法作品，在文献资料中有明确记载的有九十四件，其中有碑铭六十二件，墓志六件，题跋二件，题额三件，帖札十五件。柳公权传世的书法作品以碑刻为主，这些碑刻墨宝，成了一代大师留给我们的艺术财富，是我们研习柳体书法风格的源泉。

经过千百年风雨的冲刷，在斑驳的碑石后面，我们依稀看到柳公权那伟岸的身影正执笔横书——心正笔正。

# 第二章　融合诸家成一体

初唐书法一般受两方面影响较大：一是王羲之、王献之父子，一是隋碑。这两路书法面貌大抵以瘦硬为主，如杜甫《八分小篆歌》中所说："书贵瘦硬方通神。"欧阳询、褚遂良等人的墨迹都以此为主旨。南唐后主李煜在评论唐人书法时，以王羲之的书法风格作为标准，有这样一些论断：

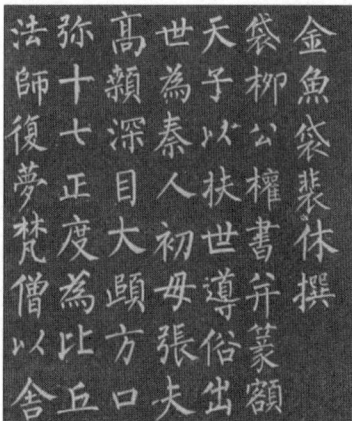

柳公权《玄秘塔碑》局部之一

> 虞世南得右军之美韵而失其俊迈；
> 欧阳询得右军之力而失其温秀；
> 褚遂良得右军之意而失其变化；
> 薛稷得右军之清而失于拘窘；
> 李邕得右军之气而失于体格；
> 张旭得右军之法而失于狂；
> 真卿得右军之筋而失于粗；
> 柳公权得右军之骨而失于生犷。①

这些评论足以说明，唐人对于王羲之书法风格的继承和发展。

到盛唐、中唐以后，书法开始逐渐转向"尚肥"，其他的艺术作品，如绘画、塑像等也都有这种趋向，对于美的标准已经有了新的变化。如唐玄宗喜爱杨玉环的丰腴之美，就是一种表现。这种变化有着一定的深层原因。仔细研究不难发现，这实际上是艺术、美学发展的一种规律。任何艺术发展都追求变化，"变则通，通则久"，书法作为一种艺术形式，自然也是如此。当然，这种变化也会

---

① 叶鹏飞：《中国书法发展史》，天津古籍出版社，2000 年。

受到一些社会现实因素的影响。唐代书法之所以发生明显的变化，与帝王个人的喜好和提倡有着十分重大的关系。东晋王羲之、王献之父子二人的书法特点在于，结体上左紧右松，略微显得倾斜，具有秀巧绮丽的风格。在运笔上多着力于运指，因此字形偏小，布局疏朗，笔画纤细，墨色浓淡相宜，给人以秀润华贵的感觉。唐太宗曾经学习"二王"笔法。因此朝臣、儒生相继模仿，一时之间瘦硬秀润之字风行天下。到了唐玄宗时，皇帝本人喜爱体态丰腴之字，唐代窦臮《述书赋》云："开元应乾，神武聪明，风骨巨丽，碑版峥嵘。思如泉而吐凤，笔为海内吞鲸。"① 窦蒙为之作注说："开元皇帝好图书，少工八分书及章草，殊异英特。"臣子说皇上难免会有溢美之词，但是唐玄宗工书也是事实。从他传世的作品看，他的书法已经不同于初唐面貌，逐渐趋于肥美。宋代朱长文将唐玄宗的书法作品列在"能品"之列。米芾的《海岳名言》称玄宗的书法"字体肥俗"。上行下效，自古皆然，于是唐代书法向新的风格逐渐转变着。正像米芾指出的："有徐浩以合时君所好，经生字亦自此肥。"大书法家颜真卿就是在这样的社会背景下成名的，"颜体"在结体上左右基本对称，表现出雄伟庄重的气概。在笔法上，加强了腕力的作用，运用中锋和藏锋，并采取隶书"蚕头燕尾"的手法，加重起笔、停笔和转折时的停顿力度，以显示强劲的笔力和丰满的

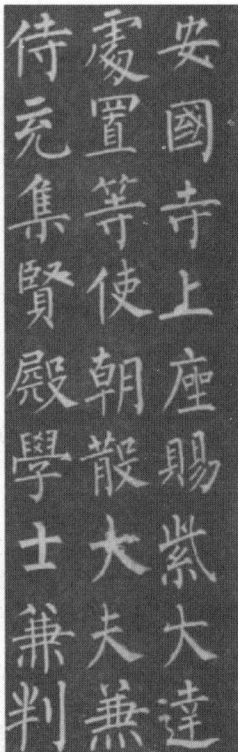

柳公权《玄秘塔碑》
局部之二

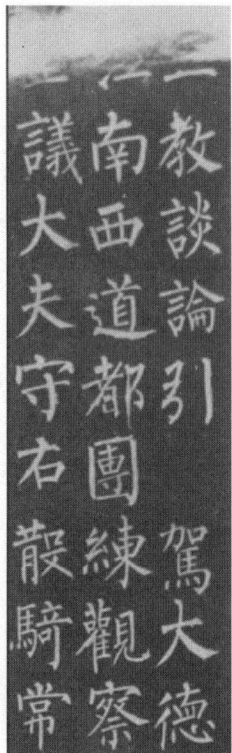

柳公权《玄秘塔碑》
局部之三

---

① 黄简：《历代书法论文选》，上海书画出版社，1979 年。

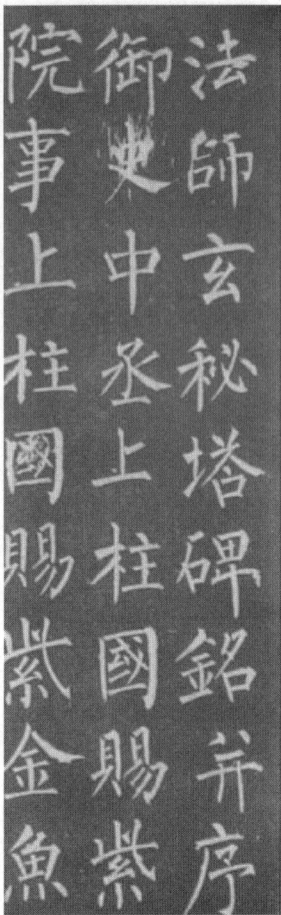

柳公权《玄秘塔碑》局部之四

气势。在布局上，又以茂密代替了二王书派的疏朗气质，给人以充实的感觉。"颜体"肥美之风一时间盛行全国。

书法审美标准的变化直接导致了书法评论标准的变化。《苕溪渔隐丛话》中曾说："怀素草工瘦，而长史草工肥。瘦硬易作，肥劲难工，此两人者，一代草书之冠冕也。"① 颜真卿的书法正产生于这一时期，他的字打破了"二王"的禁锢，以拙为巧，以肥为美，将楷书写得敦厚圆满，尤其他后期成熟的作品，已经达到了唐代楷书的极致。但正因为如此，也就限制和影响了其他书法风格的发展。学习颜体如果不当的话，很容易流于肥俗恶浊。在这种情况下，唐朝中后期的柳公权站了出来，开始研究新的书法风格，用瘦硬来矫正肥厚之失。这样，柳公权走上了一条研习诸家、集古出新的书法创作之路。

柳公权生活的时代，是唐代书法风格又一个转换时代。在柳公权面前，前辈名家林立。如何超越前人，如何在新的历史时空创造出一种新的风格来，这是柳公权面临的严峻挑战。颜真卿敦厚圆满的楷书已至妙境，柳公权清楚，要想在以肥为美的标准下有所发展，已经是几乎不可能的事情。经过数十年的不懈探索，融合众多书法名家的特点，柳公权创造了自己独具特色的"柳体"风格。《旧唐书》本传中言简意赅地概括了柳公权研习书法并开创"柳体"的过程："公权初学王书，遍阅近代笔法，体势劲媚，自成一家。"② 柳公权开创的这种风格成了中晚唐时期书法艺术的主流。后世初学书法之人，也大都从颜柳二体练起。于是，世人将柳公权与颜真卿书风并称"柳骨颜筋"。

柳公权最初学习王羲之的笔法，之后遍览近代各家书法，于是极力在王羲之笔法的基础上力求变化。同时他也

---

① 〔南宋〕胡仔：《苕溪渔隐丛话》，人民文学出版社，1962 年。
② 〔后晋〕刘昫等：《旧唐书》，中华书局，1975 年。

学习颜真卿的笔法，又融汇了自己的新意。宋代朱长文在《墨池编》中说："公权博贯经术，正书及行楷，皆妙品之最，草不失能。盖其法出于颜，而加以遒劲丰润，自名一家。"① 柳公权擅长楷书、行书、草书等众多书体，其中最能体现柳公权自身风格特色的当属他的楷书。柳公权的楷书避免了横细竖粗的态势，取匀衡瘦硬，追魏碑斩钉截铁之势，体势劲媚，点画爽利挺秀，骨力遒劲，结体严紧。

柳公权的书法有着深厚的书学渊源和鲜明的时代特色，他所生活的唐代是我国封建社会发展的鼎盛时期，政治安定，经济发展，文化繁荣。但自安史之乱后，大唐王朝的统治出现了严重的政治危机，元气大伤，虽然也出现过一些繁荣景象，但再也没有出现过像开元盛世那样雄强博大的盛时和盛世。唐代文化艺术的发展，到了柳公权所生活的晚唐，已经走过了它应该有的灿烂和辉煌，特别是在书法艺术的发展方面，盛唐以前，可以说是名家辈出，书体咸备，书论精妙，影响甚大。而到了晚唐时期，几乎到了"江河日下"的地步，历史的大幕即将落下。摆在柳公权面前的是一条充满荆棘的艰辛创作道路，其书法风格的发展大体经历了前后四个时期。

# 一、敏而好学 师从众家

柳公权出身于书香门第，幼年时期有着良好的学习环境。相传他儿时聪明好学，读书很好，常常能够将经书熟读成诵，可是字却写得歪七扭八，因此常常受到老师和父亲的责罚和训诫。传

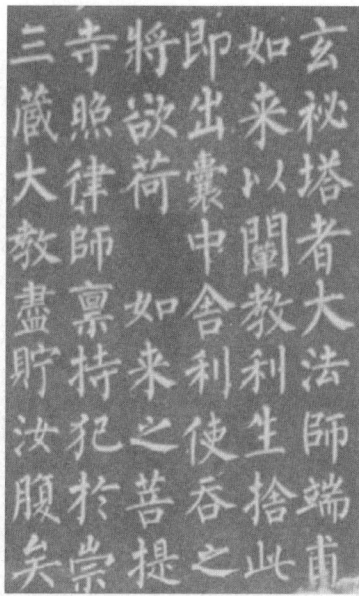

柳公权《玄秘塔碑》局部之五

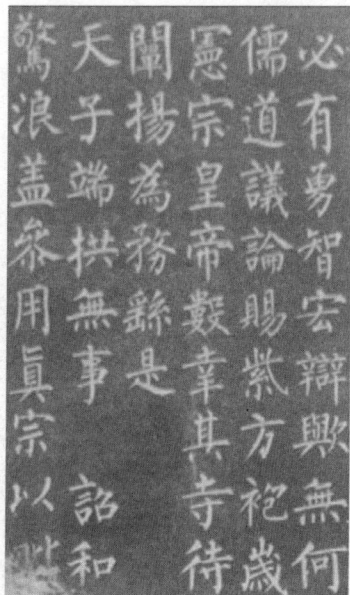

柳公权《玄秘塔碑》局部之六

---

① 姚淦铭：《中国古代书法理论研究丛书》，江苏美术出版社，2008。

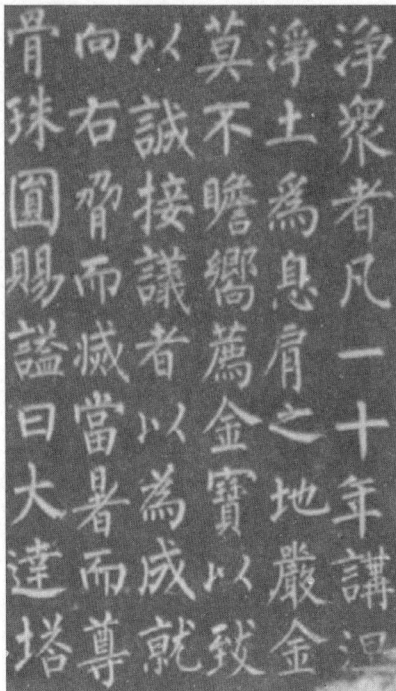

柳公权《玄秘塔碑》局部之七

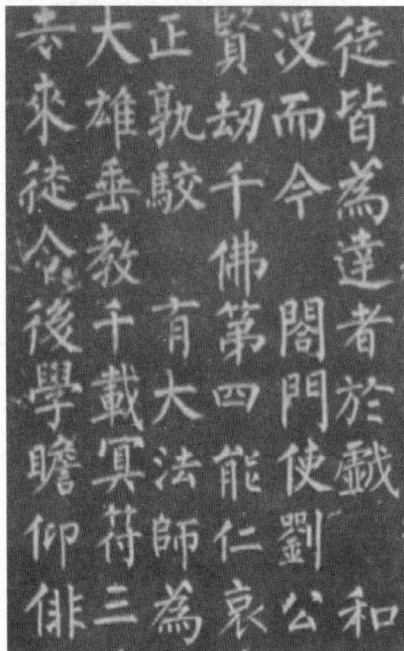

柳公权《玄秘塔碑》局部之八

说有一天，父亲来到书房查看柳公权练字的情况，不料儿子不在书房，书桌上只放着一张尚未写完大字的纸。父亲拿起一看，立刻生气地说："把个'人'字写成这个样子，缺筋少骨，简直不像个'人'字了！"

父亲正在生气，突然从外面园子里传来了一阵孩子们嬉闹的声音。出了房门，循声找去，只见柳公权在地上趴着，让别的孩子骑在自己的背上当马玩。孩子们一见柳公权的父亲向这边走来，马上就一哄而散。柳公权连忙从地上爬了起来，拍了拍身上的尘土，便低着头随父亲回到书房。父亲严厉地训斥柳公权只知道贪玩，荒废了学业，没有把字练好。接着就拿起桌上那张没有写完字的纸，对柳公权说："你看，你把这个'人'字写成什么样子了，没有筋骨，就像你刚才在地上爬的狗熊样儿！"骂过之后，父亲语重心长地说："写字就像做人一样。人，就要有人的骨气和魄力；字，也要有字的筋骨和气势。"说着，父亲又从墙上取下一把刀和一把剑，在桌上摆成了一个"人"字，继续说道，"做人、写字，都要像这刀剑一样铁骨铮铮、傲骨凛凛才是！"

父亲的话，对柳公权的启发很大。从此以后，他决心要练好字。经过一年多的勤学苦练，他的字有了很大的起色，在同龄人中已经是出类拔萃的了。柳公权的字得到了朋友、老师的称赞，就连常常板着脸孔、十分威严的父亲脸上也露出了欣慰的笑容。

在柳公权的家乡，还流传着这样一个故事。有一年夏天，柳公权和几个小伙伴在村旁的一棵大树阴凉处摆了一张方桌，举行笔会，规定每人写一张大字，互相比赛，看谁的字写得好。柳公权心想："一定要争一个第一名才行。"他很快写完了第一张大字，回头一看，其他小伙伴都还没有写完呢。这时候，一个卖豆腐脑的老者走了过来，放下肩上的担子，也在大树底下乘凉，柳公权看到他是一位其貌不扬的老头，就将自己手中的大字递了过去，笑眯眯地说道："老爷爷，您看看我这字写得好不好？"他得意地暗想：老头一定会满口称赞我的字。没承想，老者接过柳公权的字后，只是皱着眉头，半晌没有说话。柳公权心里不服气，就问老者说："难道您觉得我的字写得不好吗？"老者笑了笑说："你写的是'会写飞凤家，敢在人前夸'十个大字，依我看，你写的字就像我的豆腐脑一样，有形无体，有筋无骨，有棱无角，没有什么值得夸耀的！"

柳公权听到这位老者把自己引以为豪的字说得一钱不值，心里很生气，就对老者说："老爷爷，人家都说我的字写得好，只有您说不好，那我想看看您的字究竟如何。"老头听了哈哈一笑，说："惭愧，惭愧！我是个粗人，字写不好，但是有人用脚写出来的字恐怕都要比你的好上很多倍呢。不信的话你自己去华原县城看看吧。"

开始柳公权很委屈，认为老者在奚落他。可后来一想，老头面容慈祥，笑声朗朗，不像是在故意刁难他，就决定去华原县城里看个究竟。华原县城离柳家原有四十多里的路程，第二天一大早，柳公权给家人留了个字条就独自一人赶赴华原县城了。

柳公权一进华原县城的北门，就看见北街一棵大槐树上挂着一个白布幌子，上面写着"字画汤"三个大字。字体苍劲有力，笔法雄健潇洒。大树底下，密密麻麻地围了好多人。他挤进人群中一看，不禁目瞪口呆，惊奇万分，只见一个黑瘦老头没有双臂，赤着双脚坐在地上，左脚压住一张白纸，右脚脚趾头夹起一支毛笔，正在挥洒自如地写着对联。老头运笔自如，龙飞凤舞，博得围观者的阵阵

墨池

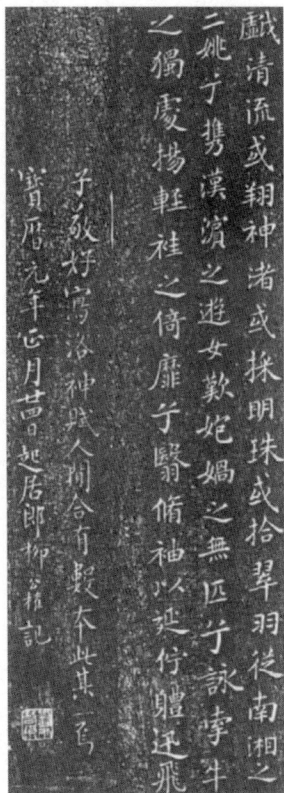

柳公权《跋洛神赋十三行》

喝彩。

看到这个情景，柳公权才知道那个卖豆腐脑的老者所说都是事实，不由得感到一阵羞愧。他心里想：我写的字同这位老爷爷相比，简直一个天上一个地下。想到这里，他扑通一声跪在老人面前，诚恳地说："老爷爷，我叫柳公权，我想要拜您为师。请收下我，教我写字的秘诀吧！"老人慌忙放下脚上的笔，看了看眼前这个稚气未脱的孩童，笑吟吟地说："我是个孤苦的残疾人，生来没有双手，干不了活，只得靠着双脚写字糊口而已，虽然能写几个字，但还不配给你当老师，你还是另请高明吧！"柳公权赶忙回答说："不，您就是我的师傅，老人家您一定要收我为徒，否则，我就长跪不起了。"经过一番苦苦哀求，老人终于同意传授柳公权书法的秘诀。他用笔在白纸上写下了四句诗文：

写尽八缸水，墨染涝池黑。

汲取百家长，始得龙凤飞。

老人对公权说："这几句诗文就是我写字的秘诀，我从小用脚写字，风风雨雨六十几年。我家里有个能盛八担水的大缸，我磨墨练字，用尽了八缸水。我家墙外有个半亩地的涝池，每天练完字就在涝池边上洗砚洗笔，涝池的水都变成了黑色。即便如此，我的字还是差得远呢。你还年轻，只要能勤学苦练，博取百家之长，日后一定会超过我的。"自此以后，柳公权发奋练字，手指磨出了厚厚的茧子，衣肘上补了一层又一层。在勤学苦练的同时，柳公权又临摹前人的书法，反复琢磨比较，汲取众家之长，终于练出了"点点像桃，撇撇似刀，横竖如剑"，铁骨铮铮，刚劲挺拔的"柳骨"。

其实，这样的故事可信度并不高，因为柳公权的父亲、兄长等都擅长书法，而且他的兄长柳公绰是当时著名的书法家，柳公权要学书，在家中就有名师，并不需要大老远地去求教一位华原县城的老者。但这则故事却告诉我们，柳公权虽然从小就有异于常人的天赋，对书法也十分热爱，但他能够成为一代大书法家，更重要的是他不断地学习研究、勤奋练习的结果。

据宋代金石学家赵明诚所著的《金石录》记载，贞元十七年（801），柳公权二十四岁时已书碑《河东节度李说碑》。《集古录目》记载："（《符元亮碑》）不著书撰人名氏，其字画则柳公权书也。"① 据考证，《符元亮碑》应该是唐德宗贞元二十一年（805），柳公权二十八岁时所书。而写完《符元亮碑》的第二年，也就是唐宪宗元和元年（806），柳公权二十九岁时就考中了进士，步入官场。以此推测，柳公权的书法当时在社会上应该已经小有名气了，而他书法创作的开始应该略早几年，大概在二十岁左右。从二十岁到六十岁的四十年间，是柳公权书法创作的第一个阶段。在此期间，柳公权勤学苦练，但主要是学习前人法帖，从中汲取营养。

此外，《金石录》中还记载了柳公权五十岁之前的作品，主要有：贞元十七年（801），二十四岁时所书的《河东节度李说碑》；元和十五年（820），四十三岁时的《左常侍薛苹碑》；长庆四年（824），四十七岁时的《大觉禅师塔铭》等。令人遗憾的是柳公权的这些早期书法作品都不曾保存下来，我们已经无缘目睹。不过从赵明诚的记载中我们可以管窥二十多岁时的柳公权，其书法已为人们所重视。柳公权五十岁之前的作品，如今只有《跋洛神赋十三行》《金刚经刻

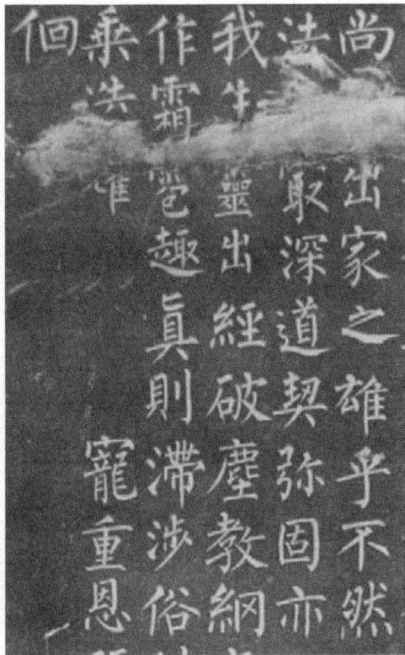

柳公权《玄秘塔碑》局部之九

柳公权《玄秘塔碑》局部之十

① 〔北宋〕欧阳修：《集古录目》，商务印书馆，1930 年。

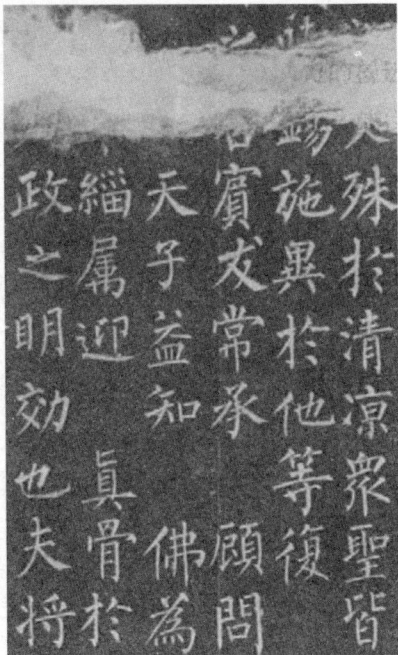

柳公权《玄秘塔碑》局部之十一

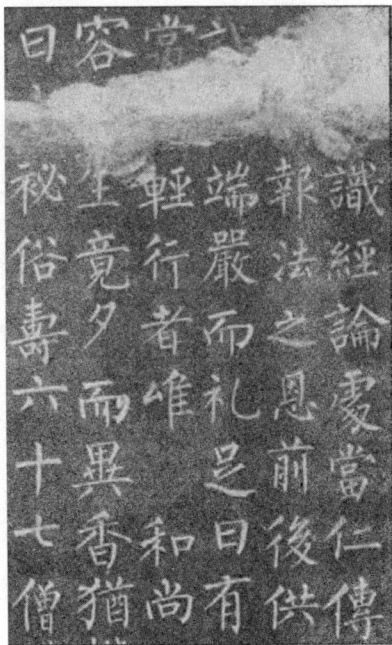

柳公权《玄秘塔碑》局部之十二

石》得以保存。《金刚经刻石》为柳公权正书，刻为横石，共十二块，每行十一字，原石毁于宋。唯一唐拓本发现于敦煌石窟，现藏巴黎博物馆。此为柳书早期代表作。其下笔精严不苟，笔道瘦挺遒劲而含姿媚；结体缜密，以纵长取形，紧缩中宫，四方开展，清劲而峻拔。"柳骨"于此可初识，而柳体集众书于此亦可知。宋董逌云：

> 诚悬书金刚经，柳玼谓备有钟（繇）、王（羲之）、欧（阳询）、虞（世南）、褚（遂良）、陆（柬之）之体。今考其书，诚为绝艺，尤可贵也。[1]

从这仅有的墨迹中，我们可以看出柳公权对于钟繇、王羲之等人书体的继承，以及他对虞世南、欧阳询、褚遂良、陆柬之等唐前期书法家风格的学习和改进。

柳公权五十岁以后的作品，据《金石录》载，有：《涅和尚碑》（五十一岁），《李晟碑》（五十二岁），《王播槃碑》（五十三岁），《将作监韦文恪墓志》（五十四岁），《太清宫钟铭》（五十四岁），《升玄刘先生碑》（五十六岁），《大唐回元观钟楼铭并序》（五十九岁），《赠太尉王智兴迥碑》（五十九岁）等。柳公权五十岁以后，只有《李晟碑》《大唐回元观钟楼铭并序》，以及墨迹王献之《送梨帖》跋，可见其楷书概貌，虽能看到又有进境，但尚未大成。

此时，柳公权正在逐步探索自己的书法风格，其楷书风格也正在逐步形成。康有为说：

> 柳诚悬《平西王碑》学《伊阙石龛》

---

① 〔南宋〕董逌：《广川书跋》，上海书画出版社，1998 年。

而无其厚气，且体格未成，时柳公年已四十余，书乃如此，可知古之名家，亦不易就，后人或称此碑，则未解书道者也。①

此时的柳公权声名远播，可以算得上是当朝名家，但仍然不能位列书法名人的殿堂。如果不是柳公权身体健硕，享八十高寿的话，相信中国书法史上，就不会有"颜筋柳骨"的美誉了。

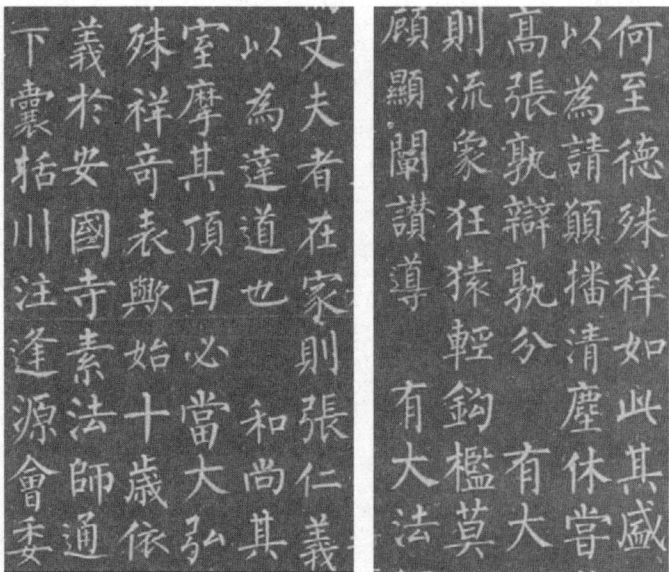

左起柳公权《玄秘塔碑》局部之十三、十四

## 二、博采诸家　创法出新

六十岁以后的柳公权才真正开始了自己自觉的书法创作和探求阶段。究竟现实中的柳公权曾经得到哪些名家大师的指点，没有非常确凿的资料记载。据说柳公权是从邬彤那里学得运笔之法的，但邬彤的书法作品没有流传下来，无从考证他们之间是不是真的有师承关系。另外，邬彤是怀素的从兄，他曾经传授过怀素书法的基本技巧，而怀素去世时，柳公权只有七岁，从年龄上推断，恐怕两人之间很难有什么师徒的关系。如此一来，柳公权的书法师承成了一个谜。

将一些关于柳公权书法渊源的史料记载搜集在一起，我们可以或多或少地了解关于柳公权书法渊源的一点蛛丝马迹。

公权初学王书，遍阅近代笔法，体势劲媚，

---

① 〔清〕康有为：《广艺舟双楫》，上海书画出版社，2006年。

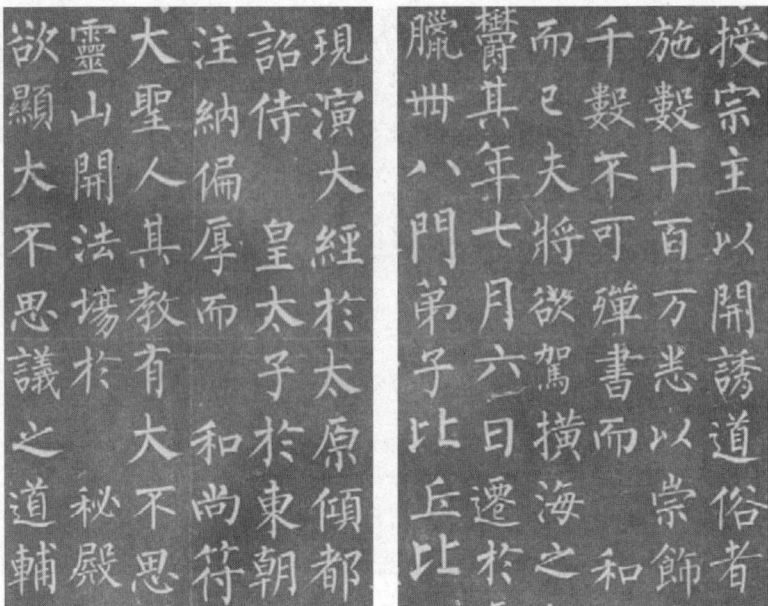

左起柳公权《玄秘塔碑》局部之十五、十六

自成一家。①

柳少师书本出于颜，而能自出新意。一字百金，非虚语也。②

（公权）正书及行楷妙品之最，草不失能。盖其法出于颜而加以遒劲丰润，自名一家而不及颜之体局宽裕也。尝书京兆西明寺《金刚经》，有钟、王、欧、虞、褚、陆诸家法，自谓得意。③

柳诚悬书，极力变右军法，盖不欲与《禊帖》面目相似。所谓神奇化为臭腐，故离之耳。凡人学书，以姿态取媚，鲜能解此。余于虞、褚、颜、欧，皆曾仿佛十一，自学柳诚悬，方悟用笔古淡处。自今以往，不得舍柳法而趋右军也。④

柳诚悬书，《李晟碑》出欧之《化度寺》，《玄秘塔》出颜之《郭家庙》，至如《沂州普照寺碑》，虽系后人集柳书成之，然刚健含婀娜，

① 〔后晋〕刘昫等：《旧唐书》，中华书局，1975 年。

② 〔北宋〕苏轼：《苏东坡全集·书唐氏六家后》，珠海出版社，1996 年。

③ 姚淦铭：《中国古代书法理论研究丛书》，江苏美术出版社，2008 年。

④ 〔明〕董其昌：《画禅室随笔》，江苏教育出版社，2005 年。

乃与褚公神似焉。①（柳书《金刚经》）书于西明寺，后亦屡改矣。经石幸存，不坠兵火。柳谓"备有钟、王、欧、虞、褚、陆之体"。今考其书，诚为绝艺，尤可贵也。②

唐初诸公无不学晋，即褚河南刚正不挠，千古伟人，而其书亦带有婵娟不胜罗绮之致，盖屈而就晋法也。至诚悬始大辟境界，自出手眼，虽学鲁公，实有"出蓝"之誉，故唐人称其一字千金。③

诚悬则欧之变格者，然清劲峻拔，与沈传师、裴休等出于齐碑为多。④

柳公权曾经拜哪位书法名家为师我们不得而知，但是，从以上的材料中我们可以从侧面了解到，柳公权的书法渊

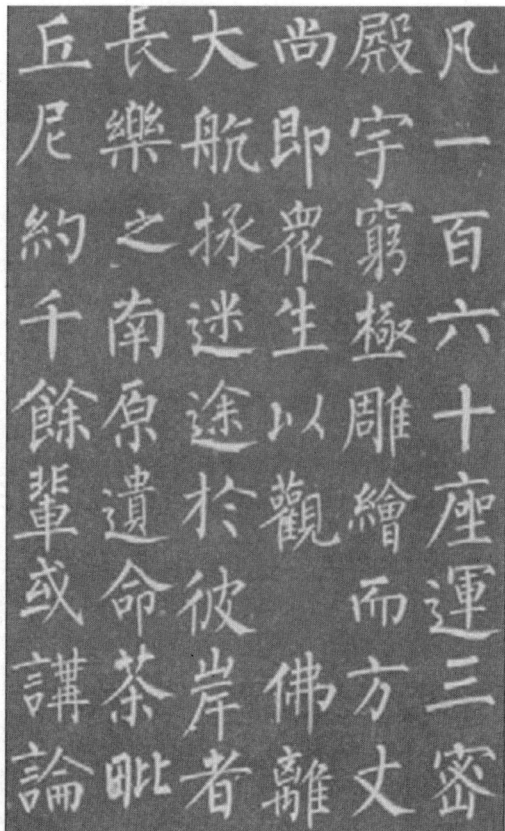

柳公权《玄秘塔碑》局部之十七

源有四：1. 钟繇和王羲之；2. 初唐四大书法家等；3. 中唐大书法家颜真卿；4. 北碑（以魏碑为代表）。下面让我们依次展开，进行探讨：

## 1. 钟繇和王羲之

钟繇，字元常，颍川长社（今河南长葛）人，生于东汉桓帝元嘉元年（151），卒于魏明帝太和四年（230）。据《三国志·魏书·钟繇传》记载，他出身于东汉望族，祖先数世都以德行著称。曾祖父钟皓"温良笃慎，博学诗

① 〔清〕刘熙载：《艺概》，上海古籍出版社，1982年。
② 〔南宋〕董逌：《广川书跋》，上海书画出版社，1998年。
③ 〔清〕何焯：《庚子消夏记校文》，中华书局，1991年。
④ 〔清〕康有为：《广艺舟双楫》，上海书画出版社，2006年。

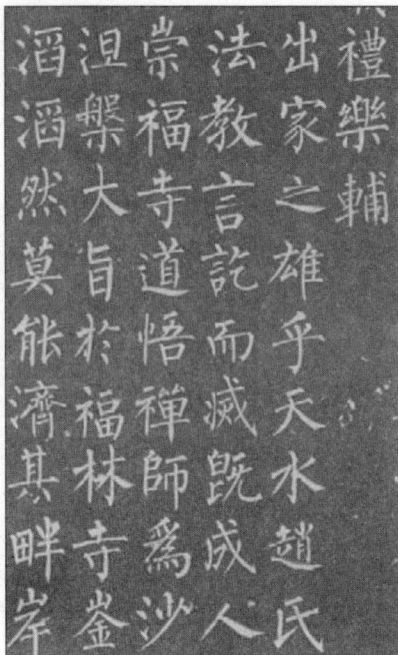

柳公权《玄秘塔碑》局部之十八

律，教授门生千有余人"①，祖父钟迪因党锢之祸而终身没有做官。父亲早亡，由叔父钟瑜抚养成人。传说钟繇小时长相不凡，聪明过人，他曾经与叔父钟瑜一起去洛阳，途中遇到一个相面者，相面者看到钟繇相貌，便对钟瑜说："此童有贵相，然当厄于水，努力慎之。"意思是说这个孩子面相富贵，但是将有一个被水淹的厄运，请小心行走。结果，走了不到十里路，在过桥时，钟繇所骑马匹突然惊慌，钟繇被掀翻到水里，差点淹死。钟瑜看到算命先生的话应验了，认定钟繇将来一定会有出息，便加倍悉心培养。钟繇也不负厚望，刻苦用功，结果长大后在混乱的东汉末年屡立奇功，先后被任命为御史中丞，又迁侍中、尚书仆射，并被封为东武亭侯。钟繇对曹操统一北方起了重要作用。

钟繇不但在政治上、军事上取得了重要成就，而且，更重要的是其书法成就经常被人称颂，在中国书法史上占有相当重要的地位。

据唐代张彦远《法书要录·笔法传授人名》说："蔡邕受于神人，而传与崔瑗及女文姬，文姬传之钟繇，钟繇传之卫夫人，卫夫人传之王羲之，王羲之传之王献之。"②

可见，钟繇是蔡邕书法的第二代传人，又是二王父子的师祖。其实，钟繇的书法艺术之所以取得巨大艺术成就，并不限于一家之学。宋代陈思《书苑菁华·秦汉魏四朝用笔法》就记述了钟繇的书法学习经历，说钟繇少年时就跟随一个叫刘胜的人学习过三年书法，后来又学习曹喜、刘德升等人的书法。因此，钟繇与那些有成就的学者一样，都是集前人之大成，刻苦用功，努力学习的结果。

---

① 〔晋〕陈寿：《三国志》，中华书局，1973 年。

② 〔唐〕张彦远：《法书要录》，人民美术出版社，1986 年。

钟繇在学习书法艺术时极为用功，有时甚至达到痴迷的程度。据西晋虞喜《志林》一书记载：钟繇发现韦诞有蔡邕的练笔秘诀，便求韦诞借阅给他，但因书太珍贵，虽苦苦哀求，韦诞仍不答应借给他。钟繇情急失态，捶胸顿足，以拳自击胸口，伤痕累累，这样大闹三日，终于昏厥而奄奄一息。曹操马上命人急救，钟繇才大难不死，渐渐康复。尽管如此，韦诞仍铁石心肠，对钟繇不理不睬，钟繇无奈，时常为此事而伤透脑筋。直到韦诞死后，钟繇才派人掘其墓而得其书，从此书法进步迅猛。这件事其实是虚构的，韦诞比钟繇晚死二十余年，钟繇怎么能去盗韦诞的墓呢？而且，钟繇身为皇朝重臣，怎肯如此失礼？不过我们从中可以看到钟繇为书法的提高确实做了不懈的努力。

另据《书苑菁华》记载：钟繇临死前把儿子钟会叫到身边，交给他一部书法秘术，并把自己刻苦用功的故事告诉钟会。他说，自己一生有三十余年的时间集中精力学习书法，主要从蔡邕的书法技巧中掌握了写字要领。在学习过程中，不分白天黑夜，不论场合地点，有空就写，有机会就练。与人坐在一起谈天，就在周围地上练习；晚上休息，就以被子作纸张，结果时间长了被子划了个大窟窿；见到花草树木，虫鱼鸟兽等自然景物，就会与笔法联系起来；有时去厕所，竟忘记了回来。这说明钟繇的书法艺术确实是自己勤学苦练的结果。在苦练的同时，钟繇还十分注意向同时代人学习，如经常与曹操、邯郸淳、韦诞、孙子荆、关枇杷等人讨论用笔方法等问题。

钟繇不但自我要求严格，对于弟子门生也同样严格要求。据说钟繇的弟子宋翼学书认真，但成效不大，钟繇当面怒斥，结果宋翼三年不敢面见老师。最后宋翼终于学有所成，名震一时。对于儿子钟会，钟繇也常常苦口婆心，百般劝诫，钟会最后也取得了巨大成就。钟繇、钟会父子被人们称为"大小钟"。

钟繇的书体主要是楷书、隶书和行书，南朝刘宋时人羊欣《采古来能书人名》说："钟有三体，一曰铭石之书，最妙者也；二曰章程书，传秘书教小学者也；三曰行押书，相闻者也。"① 所谓"铭石书"，即指正楷，"章程书"即隶书（八分书），"行押书"指行书。钟繇书法真迹到东晋时已亡佚，人们今天所见到的要么为临摹本，要么系伪造本。一般认为钟氏作品有"五表""六帖""三碑"。

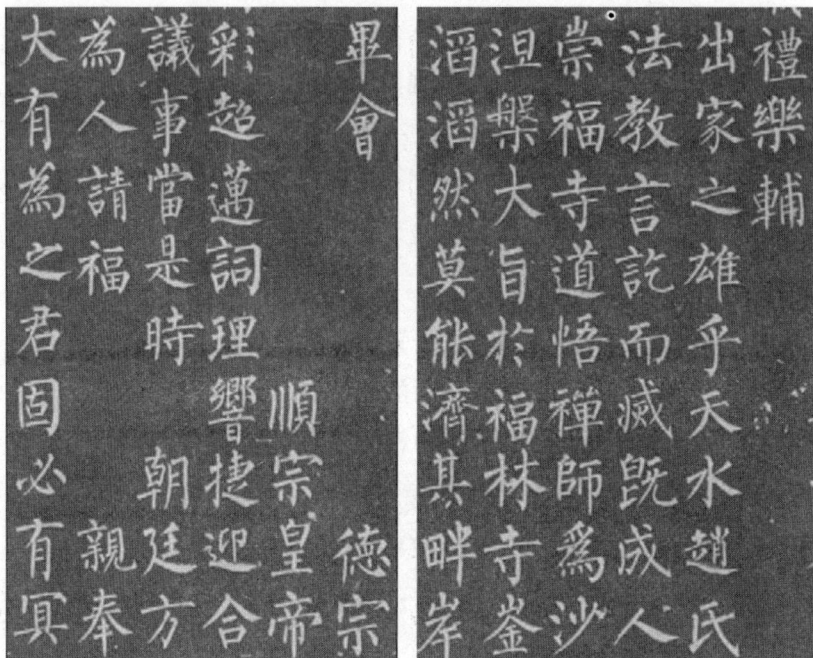

左起柳公权《玄秘塔碑》之十九、二十

"五表"指《宣示表》《荐季直表》《贺捷表》（又叫《戎路表》）、《调元表》《力命表》。据说这是代表现存钟繇书法艺术性最高的作品，但都不是钟繇的真迹。褚遂良《晋右军王羲之书目》说：《宣示表》是唐代所传王羲之临本。因王羲之亦为书法大家，所以他临摹钟繇的真迹非常成功，从中可以看到钟繇书法的情况。《宣示表》真迹据王羲之曾孙王僧虔《书录》说：

> 太傅《宣示》墨迹，为丞相始兴（王导）宝爱，丧乱狼狈，犹以此表置衣带。过江后，在右军处，右军借王修，修死，其母以其子平生所爱纳诸棺中，遂不传。所传者乃右军临本。②

---

① 黄简：《历代书法论文选》，上海书画出版社，1979 年。
② 姚淦铭：《中国古代书法理论研究丛书》，江苏美术出版社，2008 年。

《调元表》《力命表》《贺捷表》三表，也是后人临本，但成就亦较高。《荐季直表》可信性最强，在唐宋一直到清代都由宫中收藏，周围印有唐太宗李世民"贞观"玉玺，宋徽宗赵佶"宣和"、宋高宗赵构"绍兴"，以及清乾隆"乾隆真赏"等御印，说明它曾经由以上各帝御览。后几经辗转，毁于民国十三年（1924），今仅存其影印件。《荐季直表》艺术成就很高，元代陆行直赞美此表"高古纯朴，超妙入神，无晋、唐插花美女之态"，为"无上太古法书，天下第一妙迹"。

"六帖"指《墓田丙台》（简称《丙舍帖》）、《昨疏还示帖》（简称《还示帖》）、《白骑帖》《常患帖》《雪寒帖》《长风帖》（其后半部分又名《安厝帖》）。"六帖"全部为临本，《丙舍帖》《还示帖》成就较高，也较接近钟体，是上乘之作。至于《白骑帖》等其余四帖则经多人辗转临摹，已经远离钟体。

"三碑"是《汉乙瑛置百石卒史碑》（简称《乙瑛碑》）、《魏上尊号碑》《受禅碑》，这些全为刻本，是否为钟繇所作已无从考证。《乙瑛碑》有宋人张稚圭石刻记云"后汉钟太尉书"，但此碑立于东汉永兴元年（153），此时钟繇只有三岁，显然是误传。

钟繇的书法古朴、典雅，字体大小相间，整体布局严谨、缜密，

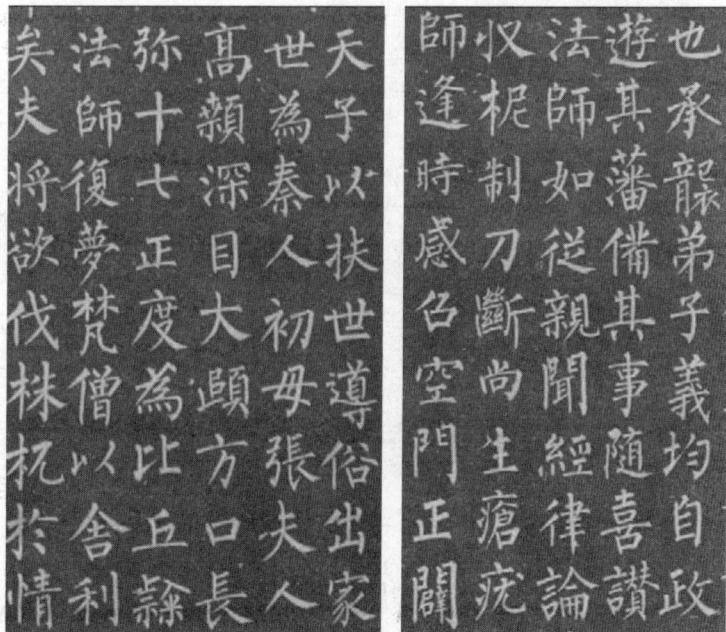

左起柳公权《玄秘塔碑》局部之二十一、二十二

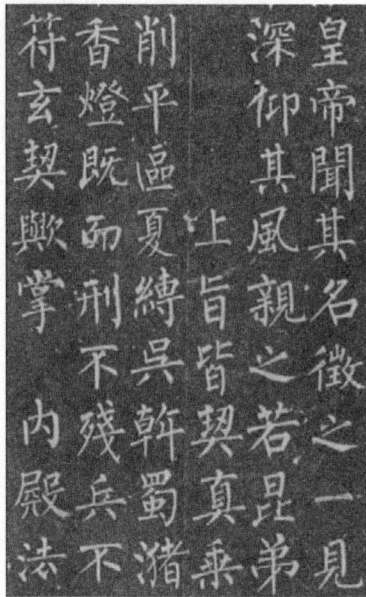

柳公权《玄秘塔碑》局部之二十三

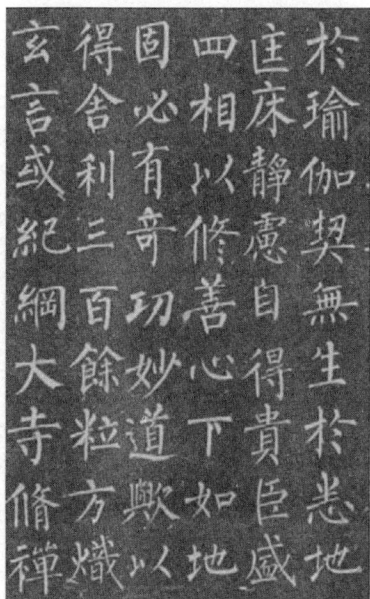

柳公权《玄秘塔碑》局部之二十四

历代评价极高。梁武帝撰写了《观钟繇书法十二意》，称赞钟繇书法"巧趣精细，殆同机神"。庾肩吾将钟繇的书法列为"上品之上"，说"钟天然第一，功夫次之，妙尽许昌之碑，穷极邺下之牍"。张怀瓘更将钟书列为"神品"。此外，明岑宗旦、清刘熙载等都给予极高评价。

作为书法家，钟繇对书法的看法也对后世产生了重大影响，其书论较零碎，散见于后世文集中。刘熙载《艺概·书概》云："钟繇书法曰：'笔迹者，界也，流美者，人也。'"①《书苑菁华·秦汉魏四朝用笔法》也记载有钟繇大致相同的话说："用笔者天也，流美者地也，非凡庸所知。"② 以天地、天人来论述书法艺术，指书法艺术中存在的自然之气，把对自然奥妙的领悟运用于书法创作中，可以达到出神入化、赋造化之灵于笔端的境界。正因这种创造与大自然之钟灵毓秀气脉相通，故谓"非凡庸所知"。实际上，这种看法主要指书体的自然流丽，平淡真淳，多天工而少人为。以自然状书势，在书法艺术中追求自然美，是中国书法史上的重要美学范畴。

卫恒《四体书势·隶势》载钟繇语曰："鸟迹之变，乃惟左隶，（益蜀）彼烦文，从此简易。焕若星辰，郁劳云市。"此语见于《初学记》，内容主要谈隶书的演变及其笔法。

张彦远《法书要录》收有梁武帝萧衍《观钟繇书法十二意》，所谓十二意指平、直、均、密、锋、力、轻、决、补、损、巧、称。主要也是指用笔方法、间架结构等。

---

① 〔清〕刘熙载：《艺概》，上海古籍出版社，1982 年。
② 〔南宋〕陈思：《书苑菁华·秦汉魏四朝用笔法》，北京图书馆出版社，2003 年。

钟繇在中国书法史上影响很大，历来都认为他是中国书史之祖。他在书法史上的贡献首定楷书，对汉字的发展有重要贡献。陶宗仪《书史会要》云："钟王变体，始有古隶、今隶之分，夫以古法为隶，今法为楷可也。"①钟繇之后，许多书法家竞相学习钟体，如王羲之父子

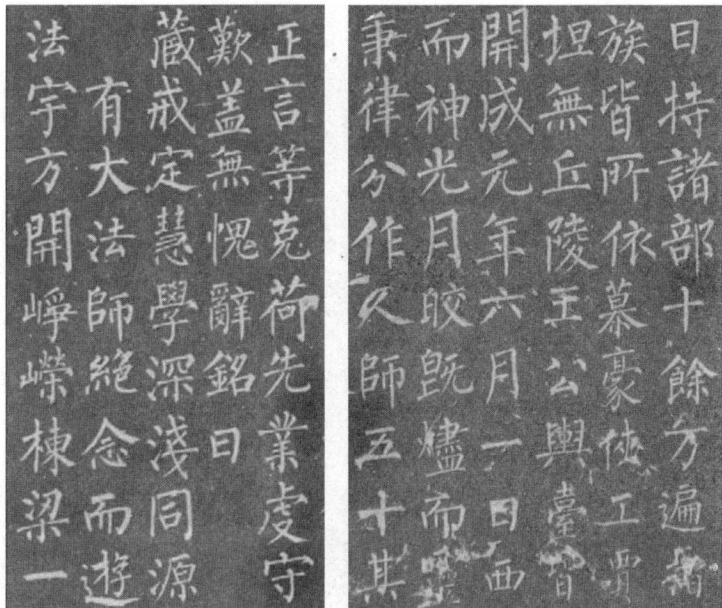

左起柳公权《玄秘塔碑》局部之二十五、二十六

就有多种钟体临本。柳公权在书体创作上也从各方面吸收了钟体之长、钟论之要。

王羲之（303—361），字逸少，号澹斋，原籍琅琊（今属山东临沂），后迁会稽山阴（今浙江绍兴），是东晋伟大的书法家，他的儿子王献之书法也很好，人们称他们为"二王"。王羲之历任秘书郎、宁远将军、江州刺史。后为会稽内史，领右将军，人称"王右军"。永和十一年（355）三月称病弃官，携子操之由会稽蕺山徙居剡县金庭。建书楼，植桑果，教子弟，赋诗文，作书画，以放鹅弋钓为娱。且与许询、支遁诸名士，遍游剡地山水。自王定居金庭后，书法兴起。其后裔多擅书画，作品挂满厅堂、书房，人称"华院画堂"。后人定村名为"华堂"，沿称至今。王羲之遗迹遍及全县各地。嵊西独秀山为王羲之读书处，山上观音殿悬有"右军旧游地"匾额；山麓建桃源乡乡主庙，奉王右军为乡主。嵊北崿山的羲之坪、嵊

---

① 〔明〕陶宗仪：《书史会要》，中国书店，1988 年。

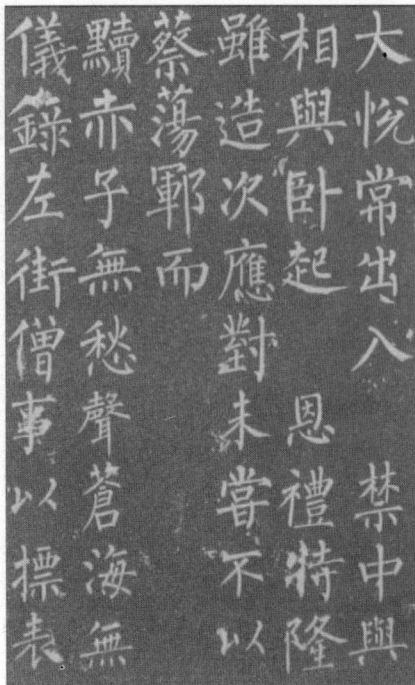

柳公权《玄秘塔碑》局部之二十七

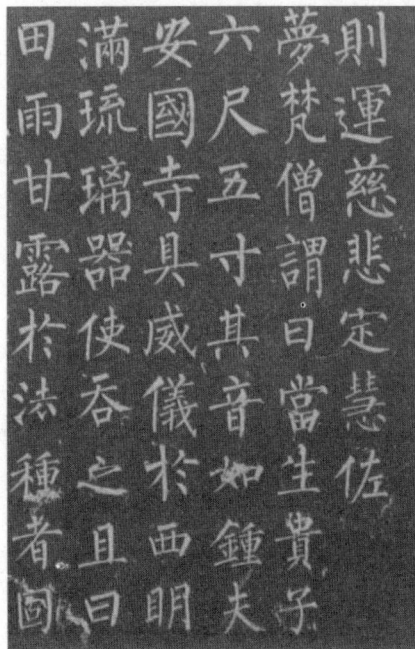

柳公权《玄秘塔碑》局部之二十八

东的清隐寺、嵊新交界的王罕岭等，均为王羲之游憩之地，至今尚有遗迹可寻。

东晋升平五年（361），王羲之卒葬于金庭瀑布山（又称紫藤山），其五世孙衡舍宅为金庭观，遗址犹存。梁大同年间（535—546），嗣孙建右军祠于墓前，并于观旁建书楼、墨池，唐裴通撰有《金庭观晋右军书楼墨池记》。隋大业七年（611），其七世孙智永和尚嘱徒尚杲（吴兴永欣寺少门），专程赴金庭祭扫，并撰有《瀑布山展墓记》，立碑墓前。明永乐年间，张推官竖碑墓右。弘治十五年（1502），重建"晋王右军墓"石碑，今尚存。清道光二十九年（1849）冬，王氏嗣孙秀清于金庭观左建"晋王右军墓道"牌坊，现尚完好。

王羲之少年时跟随叔父学习书法，后来又师从卫夫人学书，因此得以遍览汉魏以来诸名家书法，草书学张芝，正书学钟繇，兼善隶、草、正、行各体，博采众长，备精诸体，摆脱了汉魏笔风，自成一家。笔势开放俊郎，结构严谨。楷书以《黄庭经》《乐毅论》为最；行书以《兰亭序》为最；草书以《快雪时晴帖》《初目帖》等为最。唐太宗李世民视其作品为国宝，号召天下人临摹他的字体，王羲之书法遂成为代替汉魏笔法的书体正宗。其字被誉为"铁书银钩，冠绝古今"，后世尊称其为"书圣"。传说其行书真迹《兰亭序》随葬李世民昭陵。现传世均为临摹本。

据说，品性高洁的王羲之对做官没有多大兴趣，就离开嘈杂烦闷的京城，来到了风景宜人的江南。他在绍兴一带居住时，经常漫步在水乡泽国，观察群鹅。一只又一只的鹅啊，羽毛整洁美丽，体态雍容华贵。它们有的浮游，有的高歌，有的嬉戏……他入迷地看啊，看啊，有时竟忘了回家吃饭。

有一天，他惊喜地发现，有只鹅长得不同寻常，它的羽毛像雪一样白，顶冠像宝石一样红，尤其是叫声分外悦耳动听。他非常喜爱，立即派人到附近去打听，想把这只鹅买下来，哪怕多出一倍的钱也在所不惜。经过了解才得知，原来鹅的主人是一位白发苍苍的老妇人，老人家身边没有什么亲人，只有这只白鹅做伴。虽然老妇人家里很

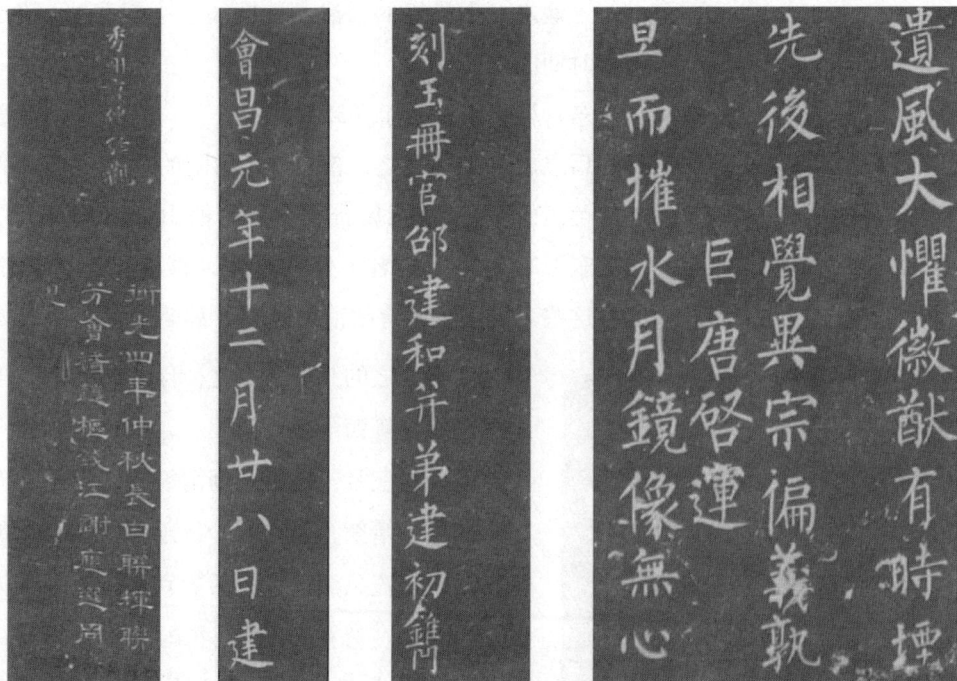

左起柳公权《玄秘塔碑》局部之二十九至三十二

穷，却怎么也舍不得这只鹅离开。王羲之知道了这些情况后，体谅老人的心情，表示不买这只宝贵的鹅了。为了进一步观察这只鹅，他决定登门拜访。再说这位老妇人，当她听说是书法家王羲之要到她家来拜访时，高兴极了，可是拿什么来招待贵客呢？老人家正在犯愁，忽然院子里响起了"哦——啊——"的叫声。有了！为了招待客人，老人就把心爱的白鹅杀了，做了一道美味的菜肴，等待王羲

之的到来。不一会儿，王羲之迈着稳健的步伐走进这简陋的茅屋。当他了解到热情慷慨的主人把仅有的一只鹅拿来待客时，眼睛湿润了：他为这只鹅的死感到惋惜，更为主人的盛情所感动……于是，他叫人找来墨笔，在随手带来的六角竹扇上挥毫写字，递与老妇人，嘱咐说："老人家，我没什么感谢您的，请把这把扇子拿到市上，卖上一百钱，用来贴补生计吧。"老人推辞不要，王羲之深情地说："这是我孝敬您老人家的一点心意啊！"

王羲之一生最好的书法，首推《兰亭集序》。那是他中年时期的作品。

东晋穆帝永和九年（353）农历三月初三，"初渡浙江有终焉之志"的王羲之，曾在会稽山阴的兰亭（今绍兴城外的兰渚山下），举行风雅集会，会稽山水清幽、风景秀丽。东晋时期，不少名士住在这里，谈玄论道，放浪形骸。这些名流高士，有政治家谢安、辞赋家孙绰、高僧支道林及王羲之的儿子王献之，侄子王凝之、王涣之、王玄之等四十二人。

江南的三月，通常是细雨绵绵的雨季，而这一天却格外晴朗，崇山峻岭，茂林修竹，惠风和畅，溪中清流急湍，景色恬静宜人。兰亭雅集的主要内容是"修禊"，这是我国流传民间的一种古老习俗。人们于农历三月上旬的巳日（上巳日）到水边举行祓祭仪式，用香薰草蘸水洒身上，或沐浴洗涤污垢，感受春意，祈求消除病灾与不祥。

兰亭雅集的另一个项目是流觞曲水，四十二位名士列坐在蜿蜒曲折的溪水两旁，然后由书童将斟酒的羽觞放入溪中，让其顺流而下，如果酒觞在谁的面前停住了，谁就要即兴赋诗一首，如若吟不出诗来，则要罚酒三杯。这次兰亭雅集，有十一人各成诗两首，十五人各成诗一首，十六

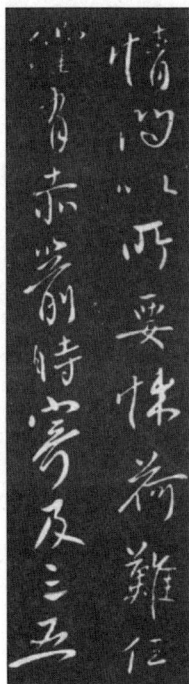

柳公权《赤箭帖》《日帖》局部

柳公权《十六日帖》局部

人作不出诗各罚酒三杯，王羲之的小儿子王献之也被罚了酒。清代诗人曾作打油诗取笑王献之："却笑乌衣王大令，兰亭会上竟无诗。"大家把诗汇集起来，一致推举此次聚会的召集人、当时名声赫赫的大书法家王羲之写一序文，记录这次雅集盛况。于是，王羲之乘着酒兴，用鼠须笔，在蚕纸上即席挥洒，心手双畅，写下了二十八行，三百二十四字的被后人誉为"天下第一行书"的《兰亭集序》。

《兰亭集序》文字灿烂，字字珠玑，是一篇脍炙人口的优美散文，它打破成规，另辟蹊径，不落窠臼，隽妙雅逸，不论绘景抒情，还是评史述志，都令人耳目一新。虽然前后心态矛盾，但总体看，还是积极向上的，特别是在当时谈玄成风的东晋时代气氛中，提出"固知一死生为虚诞，齐彭殇为妄作"，尤为可贵。《兰亭集序》的更大成就在于它的书法艺术。其通篇气息淡和空灵、潇洒自然；用笔遒媚飘逸；手法既平和又奇崛，大小参差，只有精心安排的艺术匠心，没有做作雕琢的痕迹，自然天成。其中，凡是相同的字，写法各不相同，如"之""以""为"等字，各有变化，特别是"之"字，达到了艺术上多样与统一的效果。《兰亭集序》是王羲之书法艺术的代表作，是我国书法艺术史上的一座高峰，它滋养了一代又一代书法家。其在行文上以情感为线索，叙中有情，以情说理。第一段在清丽的境界中，着重写一"乐"字，由乐而转入沉思，引出第二段的"痛"字；在经过一番痛苦的思考后，不觉感到无限的悲哀，最后以一"悲"字作结。情感色彩迥乎不同，前后过渡却妥帖自然。作者以其精妙绝伦的书法书写这篇文章，从唐人的摹本中，我们仍可见其"龙跳天门，虎卧凤阁"的神采。明代书画家董其昌《画禅室随笔》说："章法为古今第一，其字皆映带而生，或大或小，随手所如，皆入法则。"①

柳公权《紫丝靸鞋帖》局部

————————

① 〔明〕董其昌：《画禅室随笔》，江苏教育出版社，2005年。

现在陈列在兰亭王右军祠内的是冯承素摹本的复制品，而冯承素摹本的真本藏于北京故宫博物院，上面钤有"神龙"（唐中宗年号）小印，可见这是唐人不折不扣的临摹作品，并非真迹。"神龙本"是现存最接近王羲之真迹的摹本。因其钩摹细心，故而线条的使转惟妙惟肖，不但墨色燥润浓淡相当自然，而且下笔的锋芒、破笔的分叉和使转间的游丝也十分逼真，从中可窥王羲之书写时用笔的徐疾、顿挫、一波三折的绝妙笔意。

《兰亭集序》是世人公认的瑰宝，始终珍藏在王氏家族之中，一直传到他的七世孙智永。智永少年时即出家在绍兴永欣寺为僧，临习王羲之真迹达三十余年。智永临终前，将《兰亭集序》传给弟子辩才。辩才擅长书画，对《兰亭集序》极其珍爱，将其密藏在房梁上，从不示人。后被唐太宗派去的监察史萧翼骗走。唐太宗得到《兰亭集序》后，如获至宝。并命欧阳询、虞世南、褚遂良等书家临写。以冯承素为首的弘文馆拓书人，也奉命将原迹双钩填廓摹成数副本，分赐皇子近臣。唐太宗死后，侍臣们遵照他的遗诏，将《兰亭集序》真迹作为殉葬品埋藏在昭陵。留下来的只是别人的摹本。今人所见，皆为《兰亭集序》临摹本。其文如下：

> 永和九年，岁在癸丑，暮春之初，会于会稽山阴之兰亭，修禊事也。群贤毕至，少长咸集。此地有崇山峻岭，茂林修竹，又有清流激湍，映带左右，引以为流觞曲水，列坐其次。虽无丝竹管弦之盛，一觞一咏，亦足以畅叙幽情。
>
> 是日也，天朗气清，惠风和畅。仰观宇宙之大，俯察品类之盛，所以游目骋怀，足以极视听之娱，信可乐也。
>
> 夫人之相与，俯仰一世。或取诸怀抱，悟言一室之内；或因寄所托，放浪形骸之外。虽趣舍万殊，静躁不同，当其欣于所遇，暂得于己，快

然自足，不知老之将至；及其所之既倦，情随事迁，感慨系之矣。向之所欣，俯仰之间，已为陈迹，犹不能不以之兴怀，况修短随化，终期于尽！古人云："死生亦大矣。"岂不痛哉！

  每览昔人兴感之由，若合一契，未尝不临文嗟悼，不能喻之于怀。固知一死生为虚诞，齐彭殇为妄作。后之视今，亦犹今之视昔。悲夫！故列叙时人，录其所述，虽世殊事异，所以兴怀，其致一也。后之览者，亦将有感于斯文。

王羲之的书法创作历程，也经历了一条博采众长的道路。他幼年时曾跟随著名的女书法家卫夫人学过书法。东晋渡江后，他又学习了前辈书法大师李斯、曹喜、张芝、张昶、蔡邕、钟繇和梁鹄等人的书法。这使他的书法融合各家所长，自成一家。再加上他的家族中擅长书法的人济济一堂，父辈王导、王旷、王廙等都是高手，这对他书法学习的帮助也是极为显著的。因此，王羲之对真书、草、行诸体书法造诣都很深。他的真书势形巧密，开辟了一种新的境界；他的草书浓纤折中；他的行书遒媚劲健。其书法作品很丰富，除《兰亭集序》外，著名的尚有《官奴帖》《十七帖》《二谢帖》《奉橘帖》《姨母帖》《快雪时晴帖》《乐毅论》《黄庭经》等。王羲之书法主要特点是平和自然，笔势委婉含蓄，遒美健秀，后人评曰："飘若浮云，矫若惊龙。"王羲之的书法是极美的，对后世的影响也极大。

柳公权《尝瓜帖》局部

魏晋时期是书法史上楷书的发端时期，对于后代楷书的发展意义重大，楷书的基本形式就是在这一时期初步定型的。而钟繇和王羲之二人则是魏晋书坛最具代表性的书法名家，后人在学习书法，尤其是学习楷书的时候，或多或少地都受到了钟、王二人的影响。柳公权也是如此，在柳公权学习书法的过程之中，融入了钟繇和王羲之平和、古朴、清逸的书法神韵。

2. 初唐四大家

"初唐四大家"指的是唐朝初期欧阳询、虞世南、褚遂良、薛稷四位书法家。初唐四大家的书法，有一个共同的特点，就是楷书的风格都是"清秀瘦劲"，其中欧阳询的楷书最为突出。

欧阳询（557—641），字信本，潭州临湘（今湖南长沙）人，因为他的儿子欧阳通也精通书法，故其又称"大欧"。欧阳询楷书法度之严谨，笔力之险峻，世无所匹。他与虞世南俱以书法驰名初唐，并称"欧虞"，后人以其书于平正中见险绝，最适合初学书法之人，号为"欧体"。

欧阳询聪敏勤学，读书数行同尽，少年时就博览古今，精通《史记》《汉书》和《东观汉记》三史，尤其笃好书法，几乎达到痴迷的程度。

欧阳询练习书法最初仿效王羲之，后独辟蹊径自成一家。尤其是他的正楷骨气劲峭，法度严整，被后代书家奉为圭臬，以"欧体"之称传世。唐代书法品评著作《书断》称：

> 询八体尽能，笔力劲险。篆体尤精，飞白冠绝，峻于古人，犹龙蛇战斗之象，云雾轻笼之势，几旋雷激，操举若神。真行之书，出于太令，别成一体，森森焉若武库矛戟，风神严于智永，润色寡于虞世南。其草书跌宕流通，视之二王，可为动色；然惊其跳骏，不避危险，伤于清之致。[①]

宋代《宣和书谱》赞誉欧阳询的正楷为"翰墨之冠"。据史书记载：欧阳询的形貌很丑陋，但他的书法却誉满天下，人们都争着想得到他亲笔书写的尺牍文字，一

---

① 黄简：《历代书法论文选》，上海书画出版社，1979 年。

且得到就视作瑰宝，作为自己习字的范本。唐武德（618-626）年间，高句丽特地派使者来长安求取欧阳询的书法。唐高祖李渊感叹地说："没想到欧阳询的名声竟大到连远方的夷狄都知道。他们看到欧阳询的笔迹，一定以为他是位形貌魁梧的人物吧。"

欧阳询的书法成就以楷书为最，笔力险劲，结构独异。其源出于汉隶，骨气劲峭，法度谨严，于平正中见险绝，于规矩中见飘逸，笔画穿插，安排妥帖。楷书以《九成宫醴泉铭》，行书以《梦奠帖》《张翰帖》为最著名。其他书体，也无一不佳。

虞世南说他"不择纸笔，皆能如意"。而且他还能写一手好隶书。贞观五年（631）所书《徐州都督房彦谦碑》就是其隶书作品。究其用笔，方圆兼备而劲险峭拔，"若草里惊蛇，云间电发。又如金刚怒目，力士挥拳"，其中竖弯钩等笔画仍是隶笔。他所写的《化度寺邑禅师舍利塔铭》《虞恭公温彦博碑》《皇甫诞碑》被称为"唐人楷书第一"。他的楷书无论用笔、结体都有十分严谨的程式，最便于初学。后人所传"欧阳询结体三十六法"，就是从他的楷书中归纳出来的结字规律。他的行楷书《张翰思鲈帖》体势纵长，笔力劲健。墨迹传世，尤为宝贵。欧阳询的儿子欧阳通，书法一本家传，父子均声名著于书坛，被称为"大小欧阳"。

欧阳询的书法早在隋朝就已声名鹊起，远扬海外。进入唐朝，更是人书俱老，炉火纯青。但欧阳询自己却并不满足于已经取得的成就，依然读碑临帖，精益求精。

有一次，欧阳询外出游览，在道旁见到一块西晋书法家索靖所写的章草石碑，看了几眼，觉得写得一般。但转念一想，索靖既然是一代书匠，那么他的书法定会有自己的特色，我何不看个水落石出。于是伫立在碑前，反复地观看了几遍，才发现了其中精深绝妙之处。欧阳询坐卧于石碑旁凝思比画竟达三天三夜之久，终于领悟到索靖书法用笔的精神所在，因而书法亦更臻完美。

　　欧阳询以八十多岁的高龄于贞观年间逝世，身后传世的墨迹有《梦奠帖》《卜商读书帖》，以及《张翰帖》等；碑刻有《九成宫醴泉铭》《皇甫诞碑》等，都堪称书法艺术的瑰宝。欧阳询不仅是一代书法大家，而且是一位书法理论家，他在长期的书法实践中总结出练书习字的八法，即："如高峰之坠石，如长空之新月，如千里之阵云，如万岁之枯藤，如劲松倒折，如落挂之石崖，如万钧之弩发，如利剑断犀角，如一波之过笔。"欧阳询所撰《传授诀》《用笔论》《八诀》《三十六法》等都是他自己学书的经验总结，比较具体系统地阐述了书法用笔、结体、章法等书法形式技巧和美学要求，是我国书法理论的珍贵遗产。

　　欧阳询所创"欧阳询八诀"书法理论，具有独到见解。对明代人李淳的八十四法，清代人黄自元的著述，均有启示。

　　虞世南是跟随王羲之的七世孙、隋朝书法家智永禅师学习书法的。他的字用笔圆润，外柔内刚，结构疏朗，气韵秀健。传说唐太宗学书就是以虞世南为师。唐太宗常感到"戈"字难写。有一天，他写字时写到"戬"字，只写了"晋"字，让虞世南写另外半边的"戈"。写成以后，唐太宗让魏徵来鉴赏，魏徵看了说："今窥圣作，唯戬字戈法逼真。"唐太宗赞叹魏徵的眼力高，也更看重虞世南的书法了。虞世南的代表作有《孔子庙堂碑》等。虞世南死后，唐太宗慨叹地说："世南死，没有人能够同我谈论书法了。"

　　初唐的书法家继欧、虞之后的是褚遂良和薛稷。

　　褚遂良的父亲褚亮与欧阳询、虞世南同

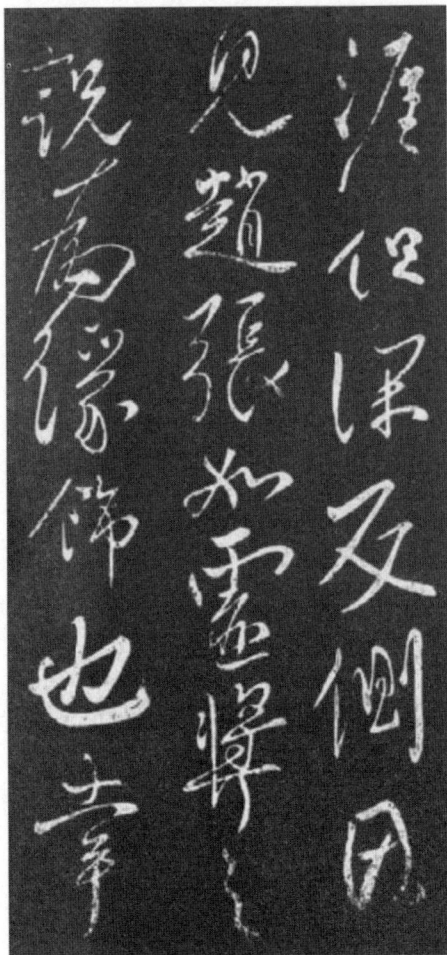

柳公权《辱问帖》局部

为好友，这必然会影响到褚遂良的书法风格。

褚遂良与虞世南有过一次对话：

> 褚遂良亦以书自名，尝问虞世南曰："吾书何如智永？"答曰："吾闻彼一字直五万，君岂得此？"曰："孰与询？"曰："吾闻询不择纸笔，皆得如志，君岂得此？"遂良曰："然则何如？"世南曰："君若手和笔调，固可贵尚。"遂良大喜。①

这句话可能一直在激励着褚遂良。

自有书法以来，人们便对它的美做出种种探索。在汉、魏，人们对它的"势"赞美不已；在晋、南北朝，人们对"笔意"津津乐道；在隋唐，人们开始对书法的"结构"之美而感到赏心悦目。但是，他们显然还没有触及一个更关键的问题：书法创作之中的"心""手""笔"之间的关系问题。如果说有，那可能是由虞世南开始的。虞世南著有《笔髓论》，其中"契妙"一节说：

> 字有态度，心之辅也；心悟非心，合于妙也。借如铸铜为镜，非匠者之明；假笔转心，非毫端之妙。必在澄心运思至微至妙之间，神应思彻，又同鼓琴，纶指妙响，随意而生；握管使锋，逸态逐毫而应。学者心悟于至道，则书契于无为。苟涉浮华，终惛于斯理也！②

这是由艺术的形态方面向艺术的根源之地进发的一种标志。因此，褚遂良同虞世南一样，更多地注意到了艺术的修养和创造问题。他们明显地与"尚意"书家们面对的问题相一致了，而这正是中国书法创作史上的一个进步。再引虞世南《笔髓论》中的另两节"释真"与"释行"，来揣摩褚遂良的书法创作：

---

① 〔北宋〕欧阳修、宋祁：《新唐书》第 198 卷，中华书局，1975 年。
② 〔唐〕虞世南：《笔髓论》，中国书店，2006 年。

……若轮扁斫轮，不徐不疾，得之于心，而应之于手，口所不能言也。拂掠轻重，若浮云蔽于晴天；波撇钩截，如微风摇于碧海。气如奔马，亦如朵钩。变化出乎心，而妙用应乎手。然则体约八分，势同章草，而各有趣，无间巨细，皆有虚散。这是一种多么抒情、多么轻灵的风格啊！"体约八分"，不就是含有浓厚的隶书笔意么？"皆有虚散"，晚年的褚遂良，不正是就这样地由质实而走向虚散么？

乃按锋而直引其腕，则内旋外拓，而环转纤结也。旋毫不绝，内转锋也；加以掉笔联毫，若石璺玉瑕，自然之理。亦如长空游丝，容曳而来往；又似虫网络壁，劲实而复虚。右军云："游丝断而能续，皆契以天真，同于轮扁。"又云："每作点画，皆悬管掉之，令其锋开，自然劲健矣。"①

由书法的意象之美，到书法的笔法之美，铸造了褚遂良优美的书风。褚遂良书艺最为突出的特色为"空灵"。梁𪩘《评书帖》中说："褚书提笔'空'，运笔'灵'。瘦硬清挺，自是绝品。"书法的空灵，正是通过运笔与提笔而体现出来的。

在欧书或虞书之中，我们都找不到明显的运笔痕迹。但是褚遂良却不同，他不掩饰运笔的痕迹，甚至乐于强调这种痕迹，以表现他所倾心的活泼节奏，一起一伏，一提一按，造成一种韵律，异常明快。像孙过庭《书谱》中要求的"一画之间，变起伏于锋杪；一点之内，殊衄挫于毫芒"，在褚遂良的书法之中，体现得最为彻底。

褚遂良比虞世南或欧阳询的机遇都要好。他可以在优游不迫的生活之中，精心地选择优良的笔、墨和纸张；在

---

① 〔唐〕虞世南：《笔髓论》，中国书店，2006 年。

面对一张纸时，可以仔细地考虑每一点一画如何处理。因此，他的书法表现的是一种风度，一种最微妙、最飘忽的心情的变化。

按照这样的意味去欣赏褚遂良的作品时，我们便要惊讶于这些作品没有一件不是杰作，它自成一个世界，一个整体。当褚遂良将他的书法艺术推向它的最高峰时，他便以这种种的美，建成他的书法境界：没有一点铺张，一切都是那么单纯、自然和平静；并不要求艺术有意想不到的强烈的刺激，也不要求用笔、风格、线条都有新奇的效果，它不过是在纸面上，以笔锋展开一种优美至极的舞蹈——它的妙处，在于它的潇洒自然，既不仓皇失措，也不锋芒毕露。这样的作品让人看了，觉得是一种为之微笑的境界，以及一种精致的趣味。

《唐人书评》中把褚遂良的字誉为"字里金生，行间玉润，法则温雅，美丽多方"，连不以唐书为然的宋代大书画家米芾也用最美的词句称颂他"九奏万舞，鹤鹭充庭，锵玉鸣珰，窈窕合度"，以表明褚遂良的字体结构有着强烈的个性魅力。

初唐时期的几位书法家在东晋二王以后，致力于楷书的创作和研究，将楷书带入了一个新的境界，其总体特征在于强调法度，清劲而涵厚。柳公权在学习钟繇和二王之后，继续沿着书法本身的发展历程，遍阅初唐名家之墨迹，走入了唐楷的时代。初唐诸家对于柳公权的影响集中表现在"法度"二字。柳公权作为中唐后期的书法大家，其作品结体严谨，遵循"法度"的意识是显而易见的。

从六十岁到七十岁的这十年，柳公权的书法创作进入了鼎盛时期，如丽日当空。这一时期，柳公权经过长期摸索，终于在前代书法家的基础之上，融会贯通，有所创新，冲破了前人书风的束缚，逐步形成了自己独特的风格。这一阶段的主要作品有《冯宿碑》《检校金部郎中崔稹碑》《淮南监军韦元素碑》《义阳郡王苻璘碑》等将近二十通碑，而以《玄秘塔碑》和《神策军碑》为柳体的典型，声名最为卓著。至《玄秘塔碑》《神策军碑》，柳体已大成。它一变中唐肥腴之风，用笔骨力深注，爽利快健，以方为主，济之以圆，且在蹲锋与铺毫之间显示出瘦硬劲挺之线条，这便是"柳骨"。在笔画之间已有自家面目，横之长者瘦挺舒展，横之短者粗壮有力；竖画较之横画为粗，以为主笔，求其变化；其撇，长者轻，而短者重；其捺必重，显示矫健力度；其钩、提、挑必顿后回锋迅出。柳体在结字上，也似颜真卿书正面示人，左右较匀衡，但纵长取势，且中密外疏。在整体书风上，柳体如"辕门列兵，森然环卫"，"书家谓惊鸿避弋，饥鹰下韝，不足喻其鸷急"。柳体法度森严，面目又变颜体之肥而为清劲挺拔，瘦硬通神，在唐晚期以一种新的书体及其劲媚之美引起了人们对柳体的赞赏。

## 三、遒劲峭拔　斩钉截铁

对于柳公权书法风格形成产生过重大影响的，除了前文所说的钟、王二人及初唐四大家之外，就当属生活时代距离柳公权最近的中唐大书法家颜真卿了。

颜真卿（709—784），字清臣，京兆万年人，祖籍唐代琅琊临沂（今山东临沂），是中唐时期书法创新的代表人物。颜真卿在开元年间考中进士，曾任平原太守，世称"颜平原"。安史之乱爆发后，因抗贼有功，入京历任吏部尚书、太子太师，封鲁郡开国公，故又世称颜鲁公"。德宗时，李希烈叛乱，他以社稷为重，亲赴敌营，晓以大义，终为李希烈缢杀，终年七十六岁（一作七十七岁）。德宗诏文曰："器质天资，公忠杰出，出入四朝，坚贞一志。"

传说颜真卿三十多岁时，得到一个礼泉县县尉的职务，从政之余，潜心学书。他每天练字刻苦勤奋，但总感觉写得不够满意。他听说张旭是当时有名的大书法家，而且各种字体都写得很好，特别擅长草书，人称"草圣"，心中非常倾慕。当他听到张旭当时正住在京城长安，经常往返于醴泉长安之间，便拜张旭为师。张旭看他学书的决心很大，便欣然收下了这个徒弟。颜真卿跟着张旭学了两年，略得笔法之妙。后来为了生计，他不得不离开老师去谋求职业。天宝五年（746），颜真卿在京城长安谋了一个长安尉的职务。他利用一切业余时间继续学习书法，虽然得到了很大进步，但是，学然后知不足，强烈的学习愿望使颜真卿再次投师张旭。这时张旭已迁居洛阳，颜真卿冒着严寒，从长安来到了洛阳。颜真卿不但投师张旭学习，而且他还对张旭以前的书法家如蔡邕、王羲之、王献之、褚遂良、虞世南等人的作品都曾下功夫学习过。他学习前辈书法有取舍有选择，如他学褚，却避免褚的精巧；他学"二王"，着重在于用笔。除此之外，他还善于从民间书法中吸取营养。正由于他博采众长而熔于一炉，所以他推陈出新，写出了自己的特色，成为唐代新书体的创造者。他的楷书，雄秀端庄，天骨开张，在用笔、结构、章法各方面，均有突破和创新。

在书法史上，颜真卿占有非常特殊的地位，是几乎可以与东晋大书法家王羲之齐名的人物。其书初学张旭、初唐四大家，后广收博取，一变古法，自成一种方严正大，朴拙雄浑的书体。他的书法，既有以往书风中的气韵法度，又不为古法所束缚，突破了唐初的墨守成规，自成一格，称为"颜体"。宋欧阳修评论说："斯人忠义出于天性，故其字画刚劲独立，不袭前迹，挺然奇伟，有似其为人。"宋朱长文《续书断》中列其书法为神品，并评说："点如坠石，画如夏云，钩如屈金，戈如发弩，纵横有象，低昂有态，自羲、献以来，未有如公者也。"[①] 颜真卿的书法，以楷书为多而兼有行草。用楷书所写之碑，端正劲

---

① 姚淦铭：《中国古代书法理论研究丛书》，江苏美术出版社，2008 年。

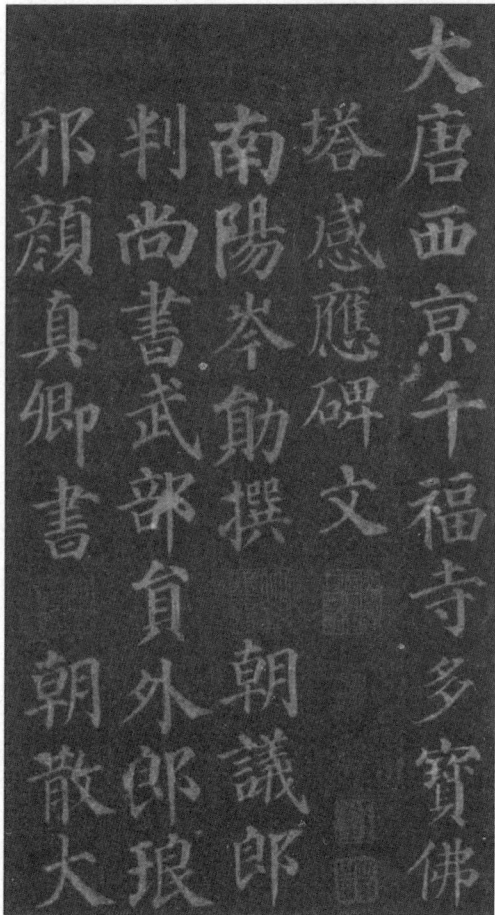

颜真卿《多宝塔碑》局部

美，气势雄厚。他生于楷书流行之际，与王羲之之典型相对，闯出了书法的新风气。

颜真卿是进士出身，他是在任平原太守时始闻名于世。安禄山起兵范阳时，河北各郡皆降服，唯有颜真卿固守平原城，为义军盟主，为唐朝尽力。最后他奉德宗之命，前往叛将李希烈处劝降，不幸遇害。他一生忠烈悲壮的精神，更加提高了其在书法史上的地位。颜真卿的字如其人，自始至终均用正锋，因此所谓颜法的定型化笔法其艺术价值较少，但此笔法却能充分显现男性的沉着、刚毅特征。中唐以后，由于藩镇割据，兵连祸结，旧有的政治制度已经呈现瓦解之势。颜真卿起而建立楷书新典范，正是重建新秩序的一种心理反应。但是，规矩森严的楷书与当时的社会背景毕竟是有距离的，因此唐末以后，书法艺术的发展便集中表现在行草书方面，古典的典范终于让位给个人主义的抒情书风了。

从书法风格和笔法来看，颜真卿的真书雄秀端庄，结字由初唐的瘦长变为方形，方中见圆，具有向心力；用笔浑厚强劲，善用中锋笔法，饶有筋骨，亦有锋芒；一般横画略细，竖画、点、撇与捺略粗。这一书风，大气磅礴，多力筋骨，具有盛唐的气象。他的行草书，遒劲有力，真情流露，结构沉着，点画飞扬，在二王之后为行草书别开生面。他所留下的碑帖很多，后世的书法家认为从他的一些碑帖中可以找到"圆笔"的痕迹，这与其他书法家的"方笔"不同。颜真卿被使用圆笔的书法家奉为开创者。他和使用方笔的王羲之，都对后世产生既深且远的影响。

在字的用笔上，他采取了横画略细，竖画、点、撇与捺略粗，粗笔中画饱满，出锋处又强调锋芒的形式，使每个字都具有厚度，甚至给人以浮雕感。呈现出正直、质朴、倔强的风格。

在字的结构上，他将初唐的瘦长体变为方形，方中见圆，正而不拘，左右对称，端庄平稳，气势开张，表现出雍容大方，开阔雄壮的气概。

在通篇章法上，行与行，字与字之间排列比较紧密，全篇布局显得气韵生动、充实茂密，字里行间洋溢着大气磅礴，多力丰筋的大唐气象。

他的行草书，遒劲郁勃，真情流露，结构沉着，点画飞扬，继二王之后为行草开一生面。颜书越到老年，他的独特面貌越显得成熟精到，可以说是到了人书俱老，炉火纯青的境界。宋苏东坡说："诗止于杜子美，书止于颜鲁公。"明代王世贞评价颜真卿的书法为："风棱秀出，精彩纷呈，劲节直气，隐隐笔画间。"宋代的著名书法家苏东坡、黄庭坚、蔡襄等都受过颜真卿的影响，宋代之后，受颜书影响的人越来越多，如元代的柳贯，明代的李东阳和邵宝，清代的刘墉、钱沣、何绍基、翁同龢等等。颜真卿传世的作品比较多，据说有一百三十八种。著名的墨迹，楷书有《竹山堂联句诗帖》《告身帖》《多宝塔碑》《麻姑仙坛记》等；行草书有《祭侄文稿》《刘中使帖》《湖州帖》《争座位帖》《裴将军帖》《自书告身》等，其中《祭侄文稿》是在极其悲愤的心情下达到最高艺术境界，被称为"天下第二行书"。米芾《书史》称："《争座位帖》有篆籀气，为颜书第一，字相连属，诡异飞动，得于意外。"①

柳公权生活在后颜真卿时代，不可避免地受到"颜体"书法风格的影响，从书法的运笔技巧来看，柳公权学

---

① 黄简：《历代书法论文选》，上海书画出版社，1979 年。

习"颜体"主要有四个方面：一是学颜之法度。颜真卿楷书在笔法、结字方面，法度甚备；柳在此基础上有所增益，使之更加完备。二是学其雄媚之书风，变其雄中有媚为自己的秀中有雄。三是学其人格与书品的结合。颜的高尚人格与颜书的风格二美并具；柳公权也是书美、人美契合的典型。四是学颜之变法精神。颜真卿在王羲之的书风之外，开拓了一片新的天地，不仅与王羲之比肩，而且为盛唐创立了属于自己时代的书风，奏响了盛唐之音。柳公权则顺应书法发展的趋势，力求再变，在唐朝由盛而衰的过程中，自立门户，开启了晚唐书法的大门，丰富了大唐之音。

柳公权的书法，尤其是楷书，在吸收了颜真卿的书法艺术成就之后，基本上已经到达了"集古"的境界。从钟繇和王羲之，再到初唐四大家，一直到颜真卿，柳公权在楷书的发展中越走越远。前辈书家的墨迹给柳公权提供了丰富的营养。可与此同时，当柳公权的书法艺术风格逐渐走向成熟，并开始具备独立的创作意识后，这又成了限制他取得更大成就的藩篱。在柳公权的心中，钟、王、欧、褚之法先冲突、斗争，后融会、贯通，终于形成了唐代书坛的新气象。

柳公权的书法风格成熟了。柳公权在此之后仍然不断探索，在自己的书法创作之中，融入北碑的"雄强峭拔、斩截方正"的风格，"柳骨"之风最终形成了。

北碑，是我国南北朝时期，北朝文字刻石的通称。北朝包括北魏、东魏、西魏、北齐、北周，而以北魏为最，故又称为魏碑。现存的魏碑书体都是楷书，因此有时也把这些楷书碑刻作品称为"魏楷"。这些碑刻作品主要是以"石碑""墓志铭""摩崖"和"造像记"的形式存在的。

魏碑上承汉隶，下启唐楷，是一种过渡性的书体。它与隶书相比，则简洁而得其沉雄；与唐楷相比则更丰厚刚健。魏碑是一个可以开发的艺术宝库，在我国书法史上，亦受到重视。魏碑书法风格多变、面目不一，尤其是近百年来陆续出土的大量魏墓志，为书法学习开创了新的路径。

魏碑笔力、字体强劲，是后世书法的一种楷模，具备雄强、朴拙、自然天成的艺术特点。清朝康有为在《广艺舟双楫》中赞誉魏碑有"十美"：

> 古今之中，唯南碑与魏为可宗。可宗为何？曰有十美：一曰魄力雄强，二曰气象浑穆，三曰笔法跳跃，四曰点画峻厚，五曰意态奇逸，六曰精神飞动，七曰兴趣酣足，八曰骨法洞达，九曰结构天成，十曰血肉丰美。是十美者，唯魏碑南碑有之。[①]

魏碑表现出由隶书向楷书发展过程中的一些典型的过渡因素。魏晋之际已经有了楷书，钟繇的《宣示表》、王羲之的《黄庭经》等楷书作品已然是比较成熟的楷书，但是大批西晋知识分子随晋室南渡之后，北朝的书风就和南朝大异了。北朝现存的碑刻大多是民间无名氏书法家的作品，和南朝士大夫的书法风格自然不一样。钟繇和王羲之完成了部分由隶变楷的过程，由于晋室南渡，北魏的民间书法家们没有继承多少他们的成果，而是遵循原来民间书法的发展轨迹，更多的是直接从汉魏时期的隶书演变而来。和南朝碑刻相比，清朝书论家刘熙载认为："南书温雅，北书雄健。"

初唐时期的书法家欧阳询和褚遂良的一些作品中，都能看出北朝碑刻对他们的影响。由于唐太宗李世民对王羲之书法的推崇，王书代表的晋朝书风在唐朝一代始终是主流。所以太宗以后，唐朝楷书继承更多的是晋楷的传统。中晚唐时期的柳公权另辟蹊径，取法魏碑，将自己的兴趣和书法的创作紧密相连，在"柳体"的形成过程中，渗透

---

① 〔清〕康有为：《广艺舟双楫》，上海书画出版社，2006年。

了魏碑清劲峻拔的特质，"柳骨"在柳公古稀之年时，终于大放异彩。

七十岁以后的十年中，柳公权又进入了一个新的发展时期。此阶段书碑记载很多，仅仅《金石录》一书所载的便有他七十岁时书写的《商於新驿记》《山南西道节度使王起碑》等，七十一岁书有《牛僧孺碑》《太子太傅刘沔碑》，七十三岁书《普光王寺碑》等近十通。今天仅《太子太傅刘沔碑》《魏公先庙碑》与《高元裕碑》存于世。

《太子太傅刘沔碑》为唐韦博撰，元度摹勒并篆额。此碑字体偏小，但书体劲秀。杨守敬《学书迩言》注意到其"淡雅"特点。细察其碑多用圆笔，如"国"字，右角转换既圆，右直下也呈弓弩形。"司徒"之"司"，右侧遽然下弯，有拙态，"神道"之"道"字的结体也于偶然之间表现出古拙的色彩。七十岁以后，柳公权书也在变化。此碑与其相近风格者如《苻璘碑》《魏公先庙碑》《太子太傅刘沔碑》《冯宿碑》均有"敛才就范，终归淡雅"之风范。

唐崔玙所撰的《魏公先庙碑》现已碑断石散，初拓仅五石。立碑年月不明，清代王昶的《金石萃编》认为在咸通末年（873），而《宝刻类编》认为在大中六年（852）。此碑崔文庄雅，柳书遒劲，细看已达淡雅之境，其笔画颇有俯仰之态，如"上"字、"五"字之横；结字颇取倾仄之势，如"事""国"重心偏右；又如"食邑五百"这行，让左避右，均可玩味。

通过以上两碑，我们可以看到柳公权不断创新的精神，他在以《玄秘塔碑》和《神策军碑》淋漓尽致地表露柳体之

柳公权《苻璘碑》局部

后，另辟蹊径。想要以淡拙渗透笔法，以平易渗透结体，以古雅渗透气韵。因此中期那种刀切钢铸般的用笔就有所收，抛筋露骨的结体有所隐，森严峻峭的风棱有所敛。清仪杨守敬对此悟识尤深，他常说："《荷璘碑》（图 41）、《魏公先庙碑》《太子太傅刘沔碑》《冯宿碑》皆敛才就范，终归淡雅。"① 他甚至认为："《高元裕》一碑，尤为完美。"虽然《荷璘碑》（六十一岁）、《冯宿碑》（六十岁）都为七十岁前所书，但七十岁以后的变化，其思想之根早已潜伏于彼。不过，"柳骨"已经过数十年千锤百炼而成，柳公权也终未能再化出全新的另一番面目来。我们只看到柳书在这一时期冉冉斜阳的一种魅力。

## 四、名声大噪　众体兼修

八十岁以后的八年中，柳公权进入人生晚期，同时也是他书法艺术创作的晚期。耄耋之年的柳公权虽已年老力衰，在书法艺术上的功力却是愈显老到，他让生命与书艺交互滋养，生命在书艺创作中前行，书艺又为生命润色辉映。

八十七岁高龄的柳公权仍书有《太子太保魏謩碑》（《宝刻类编》中有著录）。柳公权晚期的代表作品为《复东林寺碑》。碑文由唐代崔黯奉敕撰写，原碑存于江西庐山，经过多年风吹雨打，原碑已经残损断裂，世间流传的是元朝摹刻的拓本。此碑虽然仍旧表现出柳骨挺拔的风格，但是骨力相对内敛，表现出柳公权饱经岁月沧桑的心境，由早期锋芒毕露、斩钉截铁的豪情内化为沧桑的无限内涵。从《复东林寺碑》可以看到柳公权以生命最后一抹晚霞映染在碑的字里行间。那种风采已不是朝阳般的充满蓬勃生机的光

柳公权《李晟碑》局部

---

① 〔清〕杨守敬：《学书迩言》文物出版社，1982 年。

辉，也不像灼灼当午的炎日，而是一片灿烂的夕阳美景；从运笔来看，笔锋的利铥转入内部，气韵与自然贴近，《李晟碑》局部通篇之旨趣与大化亲和，是宗匠晚年的心智所悟，老笔所致。柳公权就像一位得道之人向青山深处走去，攀上极顶，又终于消失在山谷里，将书魂凝刻进书学的峰峦中。

柳公权的艺术人生，真正做到了遍阅历代笔法，集古出新，体势劲媚，自成一家。从柳公权传世的大量作品来分析，其书法风格的形成经历了集古和创新两个阶段。

所谓集古，就是学习传统，临摹和学习前贤的楷书作品，大量吸收书法养分，为日后进行书法创新打好基础。前文所提到的柳公权对于钟繇、王羲之、欧阳询、虞世南、褚遂良、颜真卿等人的研习，便是如此。他学习"二王"的秀巧，学习"欧体"的方润，学习"颜体"的肥厚，也融入了无臂老人的奔放。同时，他还注意观察人家剥牛剔羊，研究骨骼的机构；观察空中的飞燕，水中的游鱼，奔驰的骏马，把自然界的各种优美形态，都融入他的书法之中。这一时期，柳公权的书法风格尚未形成，笔下所书的字多从古人碑帖中来，可谓是"无一字无来处"，集古人之大成，用笔方圆兼备，结字平正端严，章法疏朗清逸。

集古的目的在于求新。楷书自魏、晋发端，至南北朝、隋代及初唐和中唐，发展到中晚唐，风格多样，流派纷呈，已经完全成熟。从点画形态上讲，方圆、巧拙、中侧、长短等，无所不包；从结体取势上看，侧身取势、正身示人、端严平正、险绝开张等，应有尽有；从章法布局上分，疏朗开阔、密集严整等，各有千秋。从这种局面来看，仅仅学习前人的书法而不力求变化，永远都不可能取得超越前人的成就。柳公权经过认真分析和研究，在临摹和学习传统的基础上，充分继承和发展了欧阳询和颜真卿等人楷书的优点，创新求变，在楷书的用笔、结构和章法

方面下大功夫，从细微之处着
手，同时又广泛借鉴北碑和齐
碑，取其方劲、雄强之风格，融
会贯通，创造出了自己的风格和
个性。

与此同时，不可忽视的是，
柳公权的成功还得益于拥有一个
稳定的师友群体，互相切磋砥
砺，取长补短。例如，比柳公权
年长十岁的沈传师，以及比他小
十三岁的裴休，都是当朝著名的
书法名家，被看作是与柳公权同

《李晟碑》所在地——高陵

一类型的书法家。他们崇尚"清劲""命新体"。柳公权
最具代表性的作品《玄秘塔碑》就是由裴休撰文的，而裴
休的代表作品《圭峰定慧禅师碑》又是由柳公权篆额。从
《圭峰定慧禅师碑》中，可以看到柳公权书法的影响，"细
参之，其运笔之操纵，结体之疏密，与诚悬昕合无间"
（《语石》）。

在丰富多变的艺术世界之中，柳公权能够化身为巨
人，既需一颗慧心，取质、取量、取度，炼形、炼神、炼
韵，加以冶铸；又需要不凡的身手，刻苦地磨炼，尤要以
自己的性灵和人格去化入。柳公权之所以成为柳公权，也
正在于此。

综观柳公权一生的书法创作，大体开始于贞元年间，
有文献记载的第一通碑刻为唐德宗贞元十七年（801）柳
公权二十四岁所书，到他去世时的唐懿宗咸通六年
（865），约有六十四年的时间。柳公权在六十四年的时间
内所书的作品极多，大约有百余件，是古代多产的书法家
之一。但遗憾的是，柳公权所书的绝大多数作品已经散
佚，流传至今的作品仅有二十余件。其中墨迹确信为柳公
权所书的仅《王献之〈送梨帖〉跋》一件，行书二十余

字；碑刻仅十三件，又有伪作杂处其间，如《李晟碑》为后人重书重刻，已非真迹，《苻璘碑》从碑文到书法均系伪造，《金刚经》《消灾护命经》《福林寺戒塔铭》，均为后人伪托。从大量文献记载来看，柳公权六十岁以前所书的碑版只有《冯宿碑》和 1986 年在西安出土的《大唐回元观钟楼铭并序》两件，书写时间在五十九至六十岁两年间。柳公权大量的书法作品，特别是被尊为代表作品的《玄秘塔碑》《神策军碑》等，都书写于他六十岁以后，也就是唐文宗开成二年（837）以后。大器晚成的柳公权，用苍老而不失劲力的手笔留下的墨迹，融入的不仅仅是一种艺术的追求，更是一种亘古不变的创新精神。

# 第三章　学术必效柳骨风

　　柳公权作为唐代书法的代表性人物，擅长隶、楷、行、草等多种书体，其中以楷书成就最高。他在用笔上汲取了魏碑方笔雄强和颜真卿圆笔中锋的特点，发笔时逆势切入，坚挺方折，斩钉截铁，有明快之感；行笔时中锋铺毫，圆润饱满。在结构上又继承了欧阳询楷书斜横取势和颜真卿楷书疏朗宽博的特点，以向势、合势为多，所以他的楷书既保持了颜体肉丰而力沉之处，又具有欧体骨劲瘦硬的面貌，同时还流露出魏碑的风采。清梁巘将柳公权与欧、颜做比较时说："欧字健劲其势劲，柳字健劲其势松；欧字横处略松，颜字横处全轻，至柳字只求健劲，笔笔用力，虽横处亦与竖同重，此所谓'颜筋柳骨'也。"[1] 由于柳公权能熔古人书法于一炉又不为其所囿，尤其他的楷书挺拔刚强，又因他活动在元和年间，所以人称"元和脚"。为什么要这样称呼呢？原来与他同时代的诗人刘禹锡曾经作诗奉答柳宗元，题名为《酬柳柳州家鸡之赠》：

　　　　日日临池弄小雏，还思写论付官奴。

　　　　柳家新样元和脚，且尽姜芽敛手徒。[2]

　　柳宗元是唐代古文运动的倡导者，著名的文学家，也擅长书法，和柳公权又是同姓。因此刘禹锡将柳宗元比作柳公权，可见柳公权在当时名声之盛。

　　近人陈振濂将柳公权誉为"书法建筑家"。他说：

　　　　柳公权在结构上不再是初唐诸家的简单重

---

① 〔清〕梁巘：《承晋斋积闻录》，上海书画出版社，1984 年。

② 〔清〕彭定求：《全唐诗》，中华书局，1979 年。

复，而是具备了丰富的美学内涵，因为他同时汲取了颜真卿的书风，因此对线条的追索已有较主动的追求意识，因而结构的空间构成更严密无懈了。把书法的结构强化到如此登峰造极的地步，这是柳公权一人的功绩，是前无古人也后无来者的；倘若美学家们有意在书法与建筑之间找比较点的话，那么柳公权的楷书是地地道道的书法建筑，而张旭、怀素的狂草则是美妙动人的书法舞蹈。请注意这两者的区别：动与静的区别。柳体在书法王国中是一种静态而非动态的构成。①

# 一、柳骨风气　遒劲挺拔

柳公权的书风特点突出而鲜明，遒劲峭拔，斩钉截铁。在结体和布局上都多少保留了二王书体左紧右舒的特点，但基本上左右对称，笔画大体平稳，显现出舒展洒脱、神气清健的风度。同"颜体"相比，既有把重点笔画，特别是左右竖画写成圆弧形的共同之处，但又不像"颜体"那样过分表现"雍容肥厚"，以造成圆紧丰润、格调更高的效果，而是突出表现内在的力量。柳公权十分讲究用笔，着重凝力，善于藏锋，除了个别横画、长撇较为纤细刚劲之外，横竖笔画基本保持匀称，没有颜体那种处处表现横轻竖重的明显对比，因而展现了刚劲挺拔而无"世俗之气"的艺术境界。柳公权在《笔谒》一文中，用四句话概括地总结了自己的艺术观点，他说："圆如锥，捺如凿，只得入，不得却。"从此可以看出柳公权用笔的趋势在于力求如锥如凿，入木三分，力透纸背。这正是柳体的精髓所在。

柳公权的作品无论是在楷书的点画用笔、结字取势，还是章法布局、神采气韵等方面都独具特色，与众不同。

---

① 刘文韬：《柳公权》，耀县文物旅游局，1996 年。

左起柳公权《神策军碑》局部之一至五

他从集古出新到自创一格，走过了一条艰难的探索之路。他对古代书坛的贡献不仅在于楷书的集大成，还在于以具有唐代"雄强遒劲"鲜明的时代风格去写行草书，线条流畅，气势张扬，跌宕起伏，意态雍容，圆润豪纵，完全打破了晋人所创立的"平和简静，秀丽柔美"的行草书规范。

左起柳公权《神策军碑》局部之六至十

柳公权对楷书的总结和创造，首先表现在其用笔的独特性方面。他的楷书作品在用笔方面，借鉴和吸收了颜体楷书和欧体楷书的优点，同时又避免了欧、颜楷书用笔的缺陷（如欧体楷书用笔的过于含厚内敛，颜体楷书用笔的平和随意），并广泛吸收了魏碑和齐碑方正雄强，开张恣肆等用笔特点。柳公权的楷书用笔，方圆结合得非常巧妙、和谐、自然，既不像欧体那样平缓、含蓄，又没有颜体那样过于强烈的横竖粗细对比。柳体楷书在用笔方面做了较大的改进，在笔画的细微之处进行了巧妙的处理，多

左起柳公权《神策军碑》局部之十一、十二

用蓄势，引而后发。也就是多用细小的动作和力量变化，不急于出锋，将力量内含，以骨力取胜，瘦硬刚劲，得劲健雄强之力度和气势。

楷书笔法自魏、晋的钟、王至初唐及盛唐的欧阳询、虞世南、褚遂良和颜真卿等，有了很大的发展，方圆兼用，中侧互变，笔法丰富且个性鲜明。应该说，到了盛唐的颜真卿，楷书笔法均已完备。因此，柳公权要在笔法上有所革新，确实是十分艰难的。在这种情况下，柳公权选择了集古出新的道路，即综合各代各家之大成，择其优点，为我所用，并突出自己的特点，逐渐形成了自己的个人风格。柳体用笔十分灵活，他不是纯用方硬瘦削之笔来展露筋骨，而是起笔多方，收笔多圆，方圆结合，自然随意。长笔瘦，短笔肥，竖笔挺，折笔劲，故显得轻重有致，变化多端，既筋骨强健，又血肉充实。由于柳体的笔法灵活多变，因此其点画的形态也丰富多样，即使是同一笔画，在不同的字中，在不同的部位上，其形态也不相同，可以说是随体赋形，不拘一格，极具装饰变化之美。

柳体用笔的最大特点是方圆兼并，既方峻劲利，又含厚圆润。在每一画的起、收转折处用方笔折锋，能使人产生一种雄强、方峻、爽利、劲峭之美感。而在笔画的收束处，柳体则多圆笔裹锋，不使笔毫铺开，消迹灭棱，运笔不折不顿，写到尽处一往即收，显得格外丰润圆浑，内含而质朴。

柳体的点，方圆并用，行笔多变，比欧体和颜体的点画都要丰富多变，点笔虽小却变化奇妙。他的点多带钩出锋，用揉笔来蓄势，出钩劲利，利落而显精神。"宝盖头"

上点和左点以及下部组合的众点当中，点笔用竖点，竖画左右对称两点，左稍远离而右稍靠近。"三点水"旁排列呈弧状，下点之末每垂直于上点之尾，以求上下呼应之势。

柳公权在落笔上下了很大的功夫。柳体的横画落笔

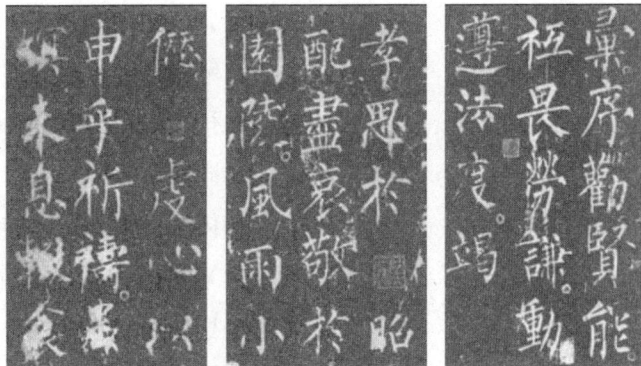

左起柳公权《神策军碑》局部之十三至十五

以方笔为主，显得干练、挺拔；竖画、撇画用点法落笔，显得灵巧、圆润。柳体落笔的这种特点，正是其刚挺秀劲风格的具体表现。柳体方笔落笔多见于横画中，属于藏锋笔法的一种，但不像颜真卿的字那样落笔回锋大、顿笔重。柳体横画落笔时比较轻，笔锋稍稍回势，然后笔毫基本上垂直按笔铺开，使落笔处出现方笔的效果；再以笔锋稍稍上挫，使之中锋；最后向右行笔，完成落笔的全过程。柳体落笔与行笔的衔接处没有明显的提笔痕迹，点法落笔常常出现在竖画和长撇之中，同样属于藏锋落笔的手法。所不同的是，点法落笔时笔锋轻轻按于纸面，略为回势但不露锋，之后向右下用力按笔。如写一右斜的点，然后把笔调整为中锋，再向下或向左下方行笔。这种落笔的效果就像一只向左弯的"鸟头"，可称为"鸟头"落笔法。此外，柳公权还常常采用顺势落笔的方法，一般出现

左起柳公权《神策军碑》局部之十六至二十

在长捺、短横之中。这种落笔无须回锋，只要轻轻顺势落笔，从轻到重即可。

从行笔来看，柳公权的各种笔画在行笔的过程也方法多样，同中有异。

柳体的横画，长横伸左取势，中段稍细，提锋为之，中锋运笔颇得骨力。短横多写得较粗壮，起收按笔较重，力量凝聚。短横在左多让右，将其写成"尖尾横"，在右多让左，又写成"尖头横"，俯仰曲直，极尽变化。

柳体的竖画，折锋非常突出，时常出现两个棱角，并稍偏向左侧，常用二次转锋折笔写成。收笔有悬针、垂露之分，中竖多用悬针，提笔出锋，显得饱满、尖锐，倍显精神。左右竖笔多用垂露，收笔不作重按，转笔向上疾收。凡左右对称用直画者，形窄者多取相背之势，取欧体之特点；形宽者多作相向之势，用颜体之变化。柳体在处理笔画变化时，还有一个突出的特点，即一反常态将短横写得特别粗重，而又将长竖写得较细挺，对比强烈，引人入胜，如《玄秘塔碑》中的"千""柱"等字及"木""牛""言"等偏旁，行笔虽然吸收了颜体的特点，但用法不同，效果亦不一样。

柳体的撇画行笔速度较快，长掠直下，稍有弧度，修长劲健。长撇瘦硬，短撇粗重，捺画却比较突出，重而粗，起笔较细，中段逐渐加粗，加重，加长，末尾极粗，并出现明显的燕尾，出锋有力，方劲遒美。撇捺相交，轻撇重捺，近似颜体，但粗细变化却比颜体明显。

柳体的"口"字形，多取上开下合，上大下小之势，且左边竖脚下伸外露，不但使字形端稳，而且具有装饰的特点。

柳体的竖弯钩则一路圆转，曲劲有弹力。如"风"字的外框，横折弯钩，弧度较大，几乎是圆周的三分之一，钩笔饱满，而尖锐形状酷似鹅头。

柳体在笔势的处理上亦迥异于前人，风格独特，个性鲜明，与其结体的中宫紧密，四周舒放，辐射开张相配合，更显爽利流荡，别具一格。柳体的笔势非常爽疾，一往无前，笔画尽处，笔势犹张。唐吕总评述柳体的笔势是"惊鸿避弋，饥鹰下韝"，惊鸿避箭，饥鹰捕猎，来势之疾速，气势之迅猛，无以复加。以此来形容柳体笔势的凶猛迅疾，应该说比较适合，但宋代的朱长文却认为吕总的评述仍"不足以喻其鸷急云"。这里要强调的是，柳体笔势的迅疾，并不是一味地快速、急促，而是放得开，还要收得住。柳体鸷急的笔势并不是像后世习柳体者那样，以硬毫疾行来求取，入笔过于轻浮，行笔过于疾滑，这样做是得不到柳体的笔势特点的。柳公权用的并不是硬毫笔，而是软毫长锋笔。要用软毫长锋写出柳体挺拔劲健的笔画和爽疾流宕的笔势，不在技巧方面下功夫是不行的。

柳体的结体更是与众不同，更能显示出他深厚的功力。柳公权楷书的结体，既充分吸收欧体和颜体的特点，又突出自己的风格，短者较肥，疏者宜丰，形长者宜瘦，画密者宜匀，体态端庄，均衡平稳，疏密均匀，肥瘦得体。柳公权在处理字形结构时，有两个重要的方法：一是内紧外松，辐射开张。欧、虞、褚、颜诸体，都在晋人楷书的基础上形成了自家书法的风貌，但诸家结体有一个共同的特点，即字的中宫与周边笔画无大开大合之势。欧、虞、褚的结体，多取侧身之势，含蓄平和。颜体虽然一改古法，以正面示人，但颜体的中宫不紧，呈内松外紧，内方外圆之势。柳体则一改前贤诸法，使中宫紧密，四周舒放，笔画向内攒聚，向外辐射，有壁垒森严之势。这一点后来被宋代的黄庭坚发展到了极致。二是撇低捺高，险中求稳。欧、虞、褚、颜诸体，撇、捺的终端多落在同一水平线上，对称均衡，犹如正面端立之人，一派静穆之态，没有较大的对比反差。柳体则多取撇低捺高之势，撇虽细而极挺健，捺粗劲而颇舒扬，静中有动，险中取稳，如向前迈进之人，在严整中呈现出潇洒超逸之姿态。

　　柳公权的书法作品，除了大量的楷书碑刻外，留存下来的墨迹，尤其是行草书墨迹十分少。但从有关文献资料的记载，证明柳公权不但精于楷法，而且行草书亦非常有特色：

　　公权真、行书，惊鸿避弋，饥鹰下。①

　　公权博贯经术，正书及行皆妙品之最，草不失能。……宣宗召至御座前，书纸三番，作真、行、草三体。帝奇之，赐以器币，且诏自书谢章，无限真行。②

　　柳诚悬墨迹帖一卷是真。笔法劲爽而纵横悉如意也，盖自文皇、大令而自成家，奇妙竟日玩之不倦。③

　　以篆籀法作行楷，仅见诚悬此书。④

　　把玩久之，使人有天际真人想。仆论书法，谓欧、褚自隶来，颜、柳从篆出，观此尤信。唐中叶书家，首推颜、柳，颜书浑劲，而柳较肃括矣。学颜书须从柳入，以其笔径濯濯，有迹可寻也。⑤

　　（柳公权《蒙诏帖》）险中生态，力变右军。⑥

　　从以上的文献记载可以看出，柳公权于书法诸体皆善，尤精楷法。他楷、行、草书皆精妙，又能篆书，曾为裴休的《圭峰禅师碑》和他自己书写的《玄秘塔碑》《魏谟先庙碑》《薛苹碑》《李晟碑》等碑刻篆额。目前，我们能见到的，有文献记载的柳公权的行书墨迹有《送梨帖跋》《圣慈帖》《辱问帖》《奉荣帖》《伏审帖》《十六日帖》《年衰帖》《蒙诏帖》《兰亭诗》等。要说其中最精

① 黄简：《历代书法论文选》，上海书画出版社，1979 年。

②③ 姚淦铭：《中国古代书法理论研究丛书》，江苏美术出版社，2008 年。

④ 任平：《书法艺术论》，山西教育出版社，1999 年。

⑤ 〔清〕王澍：《虚舟题跋》，上海古籍出版社，1996 年。

⑥ 姚淦铭：《中国古代书法理论研究丛书》，江苏美术出版社，2008 年。

彩，最能代表柳公权行书风格的作品，应该是《蒙诏帖》。此帖流传甚广，足以表现大书法家柳公权的书风面貌和个性风格。关于这件作品的真伪问题，有关专家持有不同意见，我们认为这很正常。而且我们认为此件作品，无论真伪，本身都是很精彩的，也比较符合柳公权本人的书风特点和性格面貌，大起大落，气势不凡。据有关专家考证和研究，此帖是柳公权四十四岁时书写的作品，这时柳公权已经开始具备自己的书法面貌，将楷书作品雄强刚劲之风格灵活地运用于行书的创作。粗细变化明显，中锋侧峰兼用，将长短、大小、粗细、巧拙等巧妙地融为一体。点画连绵，体势开张，气势豪纵，具有盛唐气象。

　　一般说来，行草手稿，流畅洒脱，表现力丰富，多能充分而直接表现书法家的思想感情变化，如王羲之的《兰亭序》和颜真卿的《祭侄稿》等。碑刻墓表，从内容上看，一般比较庄重严肃，偏重于平实地叙述事实，多表现重大历史题材和人物生平。从书法风格上看，多用正书，如楷书、篆书和隶书等，往往一字一格，字字工稳，端严谨饬，从表面看似乎比较古板，不容易突出或直接表现书法家的感情变化。其实不然，不管文字内容如何，也不论书体和风格如何，书法家思想感情的表现应该是不

左起柳公权《神策军碑》局部之二十一至二十三

受任何限制的。颜真卿如此，柳公权亦是如此。

　　　碑刻虽多，而体制未尝一也。盖随其所感之
　　事，所会之兴，善于书者，可以观而知之。故观
　　《中兴颂》，则宏伟发扬，状其功德之盛；观《家

左起柳公权《神策军碑》局部之二十四、二十五

庙碑》，则庄重笃实，见夫承家之谨；观《仙坛记》，则秀颖超举，象其志气之妙；观《元次山铭》，则淳涵深厚，见其业履之纯。余皆可以类考。⑥

颜真卿写碑是如此，柳公权写碑又何尝不是这样。柳公权一生所书碑刻、墓志较多，也和盛唐的颜真卿一样，通过书写碑铭和墓志等，来表现出自己的爱憎感情。细品柳公权所书的碑刻墓表，如《神策军碑》《太子太傅刘沔碑》《高元裕碑》《魏公先庙碑》《复东林寺碑》等，我们也能从字里行间深刻领悟到这些作品分别表现出的圣德、武将、文臣、庙堂、寺院所独具的神韵，以及柳公权丰富而深刻的内心感受。尤其值得注意的是，柳公权主要不是靠楷书字形结体的变异，而是靠丰富的笔法变化、多样的线条形态来表达其内心感受的，这反映出了他书法创作中自觉的艺术追求与精湛的书写技巧。也正因此，后人将他和颜真卿的书法并称为"颜筋柳骨"。

## 二、颜筋柳骨　唐楷之巅

唐代书法家颜真卿和柳公权同样以楷书成就为最高，前人评颜真卿的字多"筋"，柳公权的字多"骨"，故有"颜筋柳骨"之说。北宋著名文学家范仲淹《诔石曼卿》中说："延年之笔，颜筋柳骨。"

所谓"骨"是指字刚猛有力，气势雄强。晋代卫夫人《笔阵图》云："善力者多骨，不善力者多肉；多骨微肉者

---

⑥　姚淦铭：《中国古代书法理论研究丛书》，江苏美术出版社，2008年。

谓之筋书，多肉微骨者谓之墨猪。"①书学史上多有论"骨"者。以"点如坠石"举隅，那是说一个点要凝聚着运动的力量，这种力量是艺术家内心的表现，但并非剑拔弩张，而是既有力，又秀气，这就叫作"骨"。现代美学家

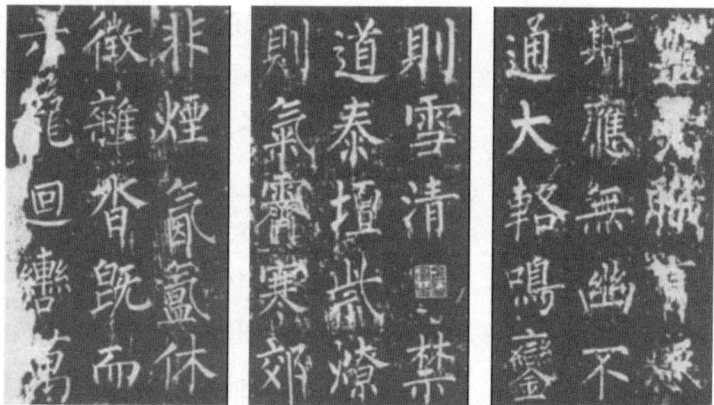

左起柳公权《神策军碑》局部之二十六至二十八

宗白华云："骨，就是笔墨落纸有力、突出，从内部散发出一种力量，虽不讲透视却可以有立体感，对我们产生一种感动的力量。"

对于"筋"，则又多种理解，或指笔锋，或指执笔悬腕作书时，筋脉相连有势而言。筋也与肉联，称为"筋肉"。颜、柳并称，比较两人的区别：颜书筋肉较多，但也并非无骨，颜真卿书也重骨力；柳书露骨较著，但也并非无肉，仅是趋于瘦削而已，特重骨法。因此，"柳骨"一词又可以理解为三层含义：

1. 骨力。柳公权最醉心于骨力之体现，精心于中锋逆势运行，细心于护头藏尾，汲汲于将神力贯注线条之中。他增加腕力，端正笔锋，如"锥画沙"，如"印印泥"，其笔势鹜急，出于啄磔之中；在挑提处、撇捺处，常迅出锋铦；在转折处、换笔处，大都以方笔突现骨节。真正的书法家都讲究骨力，颜

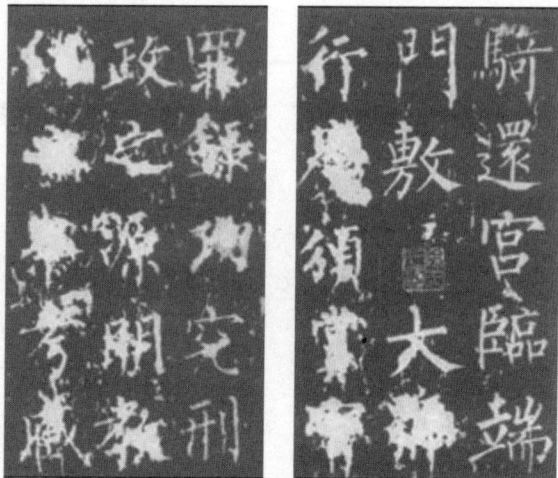

左起柳公权《神策军碑》局部之二十九、三十

---

① 叶鹏飞：《中国书法发展史》，天津古籍出版社，2000年。

真卿在《述张旭十二笔意》中就说过"趯笔（指运笔快速）则点画皆有筋骨，字体自然雄媚"等等。柳书有许多行笔即是从颜书中借鉴而来的，比如他的一些竖笔采用了弓弩之形，并左右形成向内包裹之势，其捺笔中也类有蚕头燕尾一波三折的力的表示方式。不过颜书的骨力隐在其丰腴的肉中，由肉中透现出来；柳书的骨力，却从瘦瘠的肉中直露出来，故以"柳骨"称之。

2. 骨体。柳公权用笔精致、准确、严谨，使他构字的每一"骨"都是无懈可击，而"骨"之间的联结都是一丝不苟。颜书是雄中有媚，宽博平正；欧阳询的字是险中有妍，紧结严正。柳书的骨体则追求秀挺与雄健结合，其字骨体端正挺拔，以瘦长取势；中心紧攒，外部疏通；健体开张，横竖舒展；点画顾盼有秀气流露，撇捺挑提如手足健朗。

3. 骨气。柳公权的书法铁骨铮铮，炼气清健，在挺拔的骨体内部、笔画之间传出一种坚贞的力量，透出清健出俗的气韵。这是与他的审美情趣、学识、修养密切相关的，是他长期锤炼的结果，是从其血肉心灵中孕育出来的。

颜真卿书碑累累，足以建成一座碑林，而柳公权所书碑碣同样可以环立成林。不过，颜体一碑有一碑不同面目，柳体则一碑与一碑有相同面目。如果自其同者观之，那么颜体在异中有其大同，正因为如此，才表现出颜体的总体风貌。反之，自其异者察之，那么柳体在同中又有差别。只不过柳书同多异少，这或许与他专写别人撰写的碑文有关，也与他作则立规、定型示法的心态有关，又与他狭小的生活空间有关。但是柳书也有各种风华、多样美妙。纵观柳氏仕途生涯，主要任职都不过是虚职而已，没有实际权力。反而由于其在书法艺术方面的造诣，受到历朝皇帝的青睐，留他在身边，学习、谈论书法。然而柳公权并未能实现自己齐家治国平天下的政治理想。这样的生活境遇，使得他缺少了壮阔的气度、宽广的视野、丰富的经验。有人评论，"颜真卿像奔腾咆哮的洪流，柳公权却似流于深山老林的泉水；颜体一碑一碑曾不断地变化，柳体在其成熟以后变化较少"，便是就此而言。

"颜筋柳骨"不仅概括了颜体、柳体的主要特点，而且代表了唐楷最典型的楷法。如果把楷书的发展做一比喻，"那么汉魏萌其芽，两晋树其干，六朝发其花，隋唐结其实"（丁文隽《书法精论》）。而颜体与柳体便是最大的两枚硕果。从同处看，颜、柳之书都讲究雄强的骨力，讲求伟丈夫的气概，都是盛唐气象在书法中的留影。颜筋之美和柳骨之美，成为唐代楷书的审美标准。在颜、柳之前，楷书尚侧取妍，颜、柳尚正取健；前者尚雅取韵，颜、柳尚俗取宜；前者法度内寓，颜、柳法度外露；前者重自然天成，颜、柳重人工安排；前者风韵流美，颜柳则气魄壮美。这就是颜、柳创造的历史功绩。

如果非要将"颜筋""柳骨"分个高下的话，历来的书法评论，更多的观点是列颜于柳之上。比如宋代朱长文的《续书断》就将颜真卿列为"神品"，而柳公权仅列为"妙品"，比颜体低了一个档次。清代冯班《钝吟书要》中说："颜书胜柳书。"清代周星莲《临池管见》云："颜鲁公书最好，以其天趣横生，脚踏实地，继往开来，惟此为最。"[1] 今人商承祚也曾经说过："欧阳询（信本）用笔拘谨，褚遂良（登善）清秀有余，刚劲不足。二者宜于写小楷，不宜于写大字。柳公权（诚悬）骨胜于肉，太过露骨。四家中以颜真卿（清臣）为全能，其字骨肉停匀，气势磅礴而安详，字写再大都能站得住，从其入手，有利无弊。"从境界上讲，颜真卿的书法确实恢宏博大，这与他壮阔的生活经历是息息相关的。在安史之乱的时代背景之下，颜真卿本身由书生——斗士——统帅，由立

---

① 黄简：《历代书法论文选》，上海书画出版社，1979 年。

朝——外黜——立朝的不平凡的经历，使他对人生体验更深，对艺术体味更精，书法意象的熔铸也更多。颜体书法无愧于"博大精深"四字！而柳公权在这些方面当然不及颜真卿。这是后人将颜真卿列于柳公权之上的重要原因之一。若从书法发展史的角度来品评二人的成就和功绩，则只能说各有千秋，鼎足而立。

前人论书多有贬斥"颜筋""柳骨"之人。如宋代米芾所说："柳公权师欧，不及远甚，而为丑怪恶札之祖。自柳世始有俗书。"[①]他对柳公权的正书贬斥尤甚。清代康有为说："虞、褚、薛、陆传其遗法，唐世惟有此耳。中唐以后，斯派渐混，后世遂无嗣音者，此则颜、柳丑恶之风败之欤？""欧、虞、褚、薛，笔法虽未尽亡，然浇淳散朴，古意已漓，而颜、柳迭奏，渐灭尽矣！"[②]如此等等。贬斥"颜筋柳骨"的人，主要有两种观点：

一是斥为"俗"。认为"颜筋""柳骨"都费心安排，法度严正，求人工之美，这与晋代以自然生动、洒脱风神为标准者，一"雅"一"俗"差别可见。但事实上，"尚俗"之气是与当时的时代和社会风气相关联的，"俗"则更容易让广大民众接受。清代包世臣《艺舟双楫》中就说，"（颜）平原如耕牛，稳实而利民用"，而"柳书法度甚备，便初学"。《钝吟书要》从普及书艺的观点来看，利于民用，便于初学，"俗"又何妨！那些单纯批评柳公权的人认为柳体刚而不韵，有露骨的弊病，缺乏温柔敦厚的中和之美。明代赵崡在《石墨镌华》中说："柳诚悬书，书虽极劲健，而不免脱巾露肘之病。"项穆也批评柳体字"严厉不温和"。他们的批评的确有一定的道理，但是，人无完人、字无完字，柳体风格的长短之处是融合为一的。柳公权没有形成一个与王羲之、欧阳询、颜真卿诸家书派

---

① 朱易安、傅璇琮：《全宋笔记》（第二编），大象出版社，1996 年。

② 〔清〕康有为：《广艺舟双楫》，上海书画出版社，2006 年。

相媲美的书法流派。所谓派，就不可能是一两个人，而需要一个书家群体来继承和完善它，并使之发扬光大，并且有更多的人在此基础上有所创新。在中国书法史上，学习王羲之、欧阳询、颜真卿等书法名家而最终成名的书法家很多，如智永、杨凝式，以及北宋四大家等。而学习柳体有能自成一家的书家实在太少，人们学习柳体往往"始学之，后贬之，终弃之"。因此，有人认为"柳骨"之体不能算是十全十美的艺术。但是，它却如一座丰碑，在书法史上屹立千年而不倒，自然是有其独特的魅力。

二是斥为"古法由此亡"。清代乾隆、嘉庆以后，魏碑体开始在社会上流行，唐人严整的楷书遭到了包世臣、康有为等人的严厉抨击。颜真卿和柳公权的楷书首当其冲。如康有为在《广艺舟双楫·卑唐第十二》中说："至于有唐，虽设书学，士大夫讲之尤甚。然缵承陈、隋之余，缀其遗绪之一二，不能复变，专讲结构，几若算子。截鹤续凫，整齐过甚。欧、虞、褚、薛，笔法虽未尽亡，然浇淳散朴，古意已漓；而颜、柳迭奏，渐灭尽矣！"[1] 在康有为眼中，书法可以说是一代不如一代，而柳公权的书体更是一钱不值。究其原因，主要有两点：首先，古老的中华民族崇尚中庸之道，中庸思想体现在美学之中就是中和，两千多年的中国封建社会始终如此，所谓"君子藏器""温柔敦厚"便是基本原则。而柳公权的书法风格崇尚骨力，与传统精神有着强烈的不和谐音调，因此不免会受到正统的封建士大夫的批评。其次，包世臣和康有为二人都是好发宏论之人。他们往往厚古薄今，故弄玄虚，他们立论的本身就已经偏颇。熟悉包世臣和康有为的人都知道他们的书法本身成就并不高超，他们二人的评论不能算门外汉，但也绝对不是至理名言，所做的"法古"的结论自然是不能令人信服的。从评论的目的上讲，康有为是想

---

① 〔清〕康有为：《广艺舟双楫》，上海书画出版社，2006 年。

左起柳公权《神策军碑》局部之三十一、三十二

"扬碑抑帖"和"尊魏卑唐"的。当然，这并不是康有为的首创。阮元、包世臣早就有相关的"扬碑抑帖"的理论提出。不管是"扬碑抑帖"还是"尊魏卑唐"都是为其碑学理论服务的。由此可见，这些评论之人的故作高深的言论，并不能掩盖唐楷、柳骨的璀璨光辉。

颜真卿和柳公权作为高举唐代书法变法大旗的巨匠，必然对前代书风笔法有所损益；死守古法之日，才是书法真正被扼杀之时。晚唐僧人亚栖在《论书》中对此有着深刻而非凡的认识："凡书通则变。王变白云体，欧变右军体，柳变欧阳体，永禅师、褚遂良、颜真卿、李邕、虞世南等，并得书中法，后皆自变其体，以传后世，俱得垂名。若执法不变，纵能入石三分，亦被号为书奴，终非自立之体。是书家之大要。"① 这段话对于抱有"死守古法"的书家或评论者来说，可谓当头棒喝。

试问，如果颜、柳二人"死守古法"，又怎会有千古美名的"颜筋柳骨"流传后世呢？

## 三、风神自远　名贯古今

柳公权所创造的个性鲜明、风格独特的柳体楷书，为古代楷书的发展做了总结，也为后来楷书的继承和发展奠定了基础。他对楷书的创造和发展，在中国书法史上占有突出的地位；他与颜真卿一起代表了楷书发展的最高成就，对后世产生了重要的影响。正如苏轼在《书〈黄子思诗集〉后》一文中所说："予尝论书，已谓钟、王之迹，

---

① 叶鹏飞：《中国书法发展史》，天津古籍出版社，2000 年。

萧散简远，妙在笔画之外。至唐颜、柳，始集古今笔法而尽发之，极数之变，天下翕然以为宗师，而钟、王之法益微。"① 苏轼从对比的角度来分析钟繇、王羲之两位魏晋书法名家与颜真卿、柳公权等唐楷代表性人物，并给颜真卿、柳公权二人以很高的评价。在苏轼眼中，是颜真卿和柳公权二人将书法推向了一座新的高峰，因此颜、柳二人的成就自然比前人要高出许多。此外，苏轼还以古诗为例来

左起柳公权《神策军碑》局部之三十三、三十四

比喻晋唐书法之间的关系。他认为，李白、杜甫的"凌跨八代，古今诗人尽废"。这种分析和比较是很有趣味的，因为李、杜二人无疑是代表了唐代诗歌发展的最高成就，远远超出了魏晋南北朝时期的诗歌水平。而在书法上的"钟、王之法益微"，则表示唐代书法到了颜真卿和柳公权二人手中，摆脱并取代了东晋南朝以来的影响，自成格局，就如同唐诗在诗歌发展史上的地位一样。唐代书法无疑是书法发展史上继东晋南朝之后的又一高峰。

在柳公权之前，自然率意的魏晋楷书及法度严谨的初唐、中唐楷书都出现了标领百代的宗师，产生了多种风貌鲜明的体态样式，而在柳公权之后，再也不

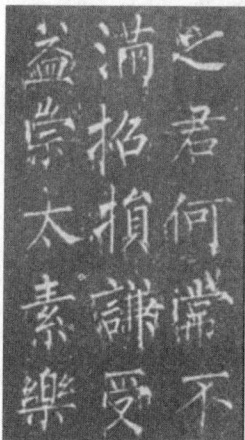

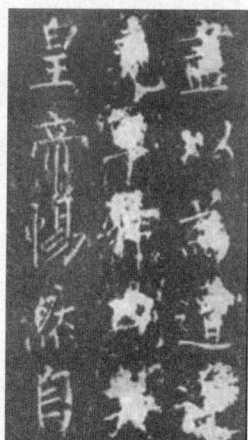

左起柳公权《神策军碑》局部之三十五至三十七

---

① 〔北宋〕苏轼：《苏东坡全集》，珠海出版社，1996年。

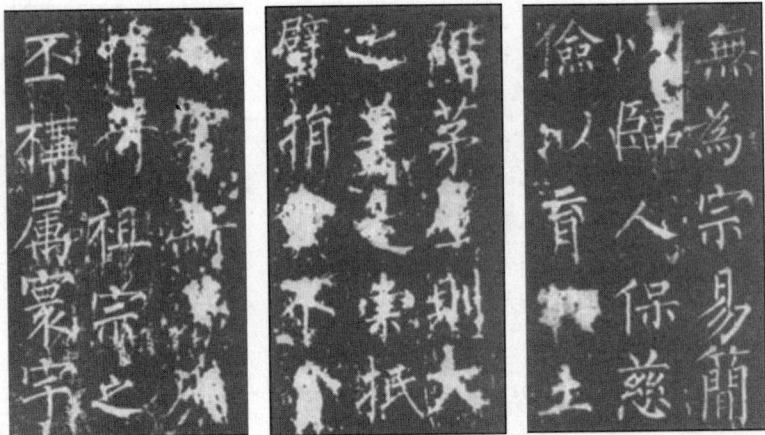

左起柳公权《神策军碑》局部之三十八至四十

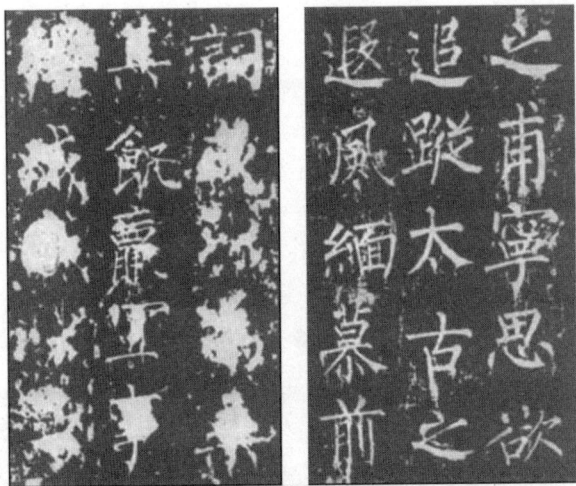

左起柳公权《神策军碑》局部之四十一、四十二

曾出现过能与这些书法宗师相媲美的楷书大师。正如有人在评价楷书时认为楷书自唐代以后皆不可观，江河日下。元代赵孟頫虽然也以楷书精美为人们所师法，但其楷书是以古为新，从某种意义上讲，是便于实用的行楷书。历史上，虽然有所谓"欧、颜、柳、赵"楷书四大家，但是，赵孟頫的楷书并没有完全跳出古人的藩篱而自立门户，而且其规矩和法度及对后来书风的影响，远不如欧、颜、柳三家，与此三家不可同日而语。

柳公权是时势所造就的又一代书杰，他高耸的丰碑有多重意义。

1. 楷书艺术到颜真卿、柳公权已大成，柳同颜一样以楷书嘉惠后学

柳公权在唐代元和以后书艺声誉之高，当世几乎无人可以比肩。当时许多著名人物的墓碑和墓志非柳公权书写不可，否则人们会认为子孙不孝；当时许多国外来唐朝访问和交流的学者和官员，都不惜以重金购买柳公权的书法作品。皇帝的青睐，大臣的推崇，固然可以转易一时风气，但并非柳公权声誉鹊起的主要原因。柳体以创造了一种新的书体美，而征服了当代，也赢得了后代，"一字百金，非虚语也"。柳公权的书法对后世书法，特别是楷书的发展产生了积极而深远的影响。这种影响不仅仅

表现在书法本身的特质方面，如对后人楷书用笔、结构及章法的影响，而且还表现在艺术创造精神和个性的感染与影响方面。自唐代之后，"颜筋柳骨"备受人们喜爱，成为后世书家的楷模，数千年来皆是如此。由于柳体法度完备，便于初学，历史上许多书法家在初学阶段都受到他不同程度的影响。

左起柳公权《神策军碑》局部之四十三、四十四

五代时杨凝式卓然雄立，是唐以后学柳书而能自出机杼的一位承前启后的卓越书家。苏轼曾说："自颜、柳殁，笔法衰微。加以唐末丧乱，人物凋落，文采风流扫地尽矣。独杨公凝式，笔迹雄杰，有二王、颜、柳之风。此真可谓书之豪杰，不为时世所汩没者。"① 《邵氏见闻录》中也说："凝式自颜、柳入二王之妙，楷法精绝。"学"柳骨"之风，笔迹雄杰，人称有二王、颜、柳之风，就是对唐代颜、柳之书学多有继承和发展。再如僧人应之，俗姓王，闽人，《南唐书》称其习柳氏笔法，以善书冠江左。这说明五代十国虽干戈纷扰，书学转入低潮，但唐之流风遗泽犹存，学颜学柳一脉未断。

左起柳公权《神策军碑》局部之四十五、四十六

宋代文人推崇颜、柳之书，学习柳书者不可胜数。最为著名的宋代四大家中，虽说蔡襄学习颜书，苏轼风格与颜筋相似，黄庭坚接近柳体，米芾神似褚遂良。但其实宋四大家都经历过颜与柳的书学殿堂，自得自悟，

---

① 〔北宋〕苏轼：《苏东坡全集》，珠海出版社，1996 年。

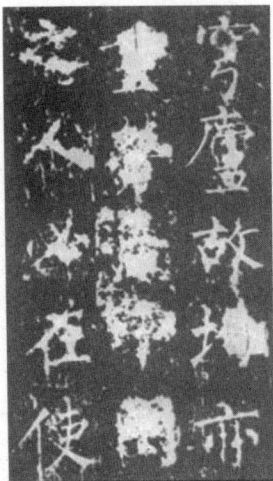

左起柳公权《神策军碑》局部之四十七、四十八

并巧妙地化入自己的书艺之中。

如有人说蔡襄的《茶录》颇似公权之小楷《度人经》；《山谷题跋》中说苏轼的字"特瘦劲如柳诚悬"；黄庭坚则钻研柳体，其字结体紧结，实源于柳公权。黄庭坚曾在《寒食诗跋》中说，"于无佛处称尊"，敢与其师分庭抗礼。"此跋即糅合柳书、《瘗鹤铭》的特色，参以己意，熔气势、韵趣于一炉，纵横挥毫，而意志悠然。"① 黄庭坚学柳深得其蕴，钱泳《书学》中就说："山谷学柳诚悬，而直开画兰画竹之法。"② 米芾虽曾贬斥柳书，但不妨试想，如果不曾对柳公权之书法风格进行过深入的研究，他又怎能有贬斥之语呢？事实上，米芾自己学书的过程也是由颜真卿而至柳公权，由柳而欧、褚，后研法帖，入魏晋之境。

石曼卿学颜，也汲取柳之风骨，正如范仲淹为他作诔文《祭石曼卿》中说："曼卿之才，大而无媒，不登公卿，善人是哀；曼卿之诗，气豪而奇。大爱杜甫。酷能似之；曼卿之笔，颜筋柳骨，散落人间，宝为神物；曼卿之心，浩然无机，天地一醉，万物同归。不见曼卿，忆兮如生，希世之人，死为神明。"③

宋代僧人中也多有学柳书之人。如释梦英，正书学柳。明杨士奇云："梦英楷法一本柳诚悬，然骨气意度皆弱，不能及也。"其书《夫子庙堂记》（石存西安碑林），可称柳书嫡脉。释正蒙，书得诚悬法《石墨镌华》；释梦

① 侯镜昶：《书学论集》，华东师范大学，1982 年。
② 潘运告：《晚清书论》，湖南美术出版社，2004 年。
③ 〔北宋〕苏轼：《苏东坡全集》，珠海出版社，1996 年。

贞，善柳书；① 释瑛公，独杜门手写《华严经》，精妙简远之韵，出于颜、柳；② 释思齐，书师柳公权，有所书《放生池碑》在杭州。③ 如此等等，不复遍举。这可能与柳公权写的《金刚经》闻名遐迩有关。

宋代以后，柳体像颜体一样，借助于刻书印刷而进入千家万户，家喻户晓。宋代刻书，在北宋大抵是用欧体笔法。南宋以后，则兼用颜体、柳体。当时的闽本，就多用柳体字；而江西刻本有的也用柳体，或用颜体；而蜀本就

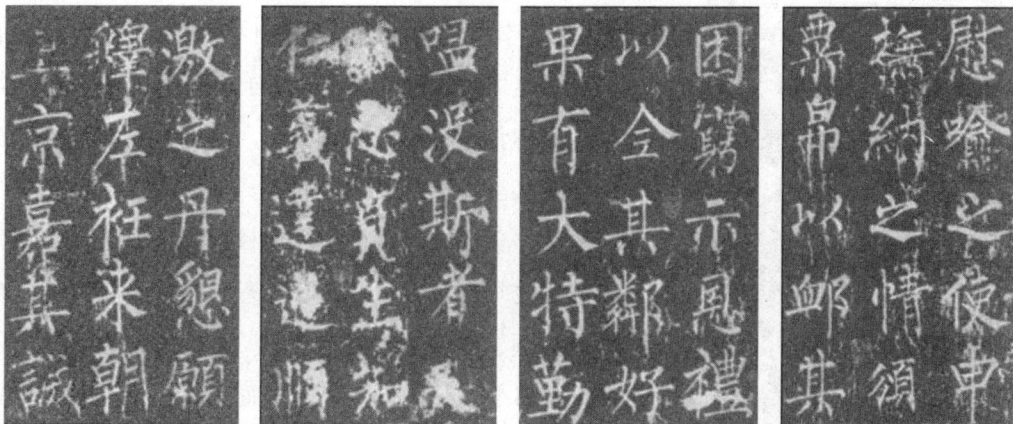

左起柳公权《神策军碑》局部之四十九至五十二

多用颜体。当时颜体较为流行，而又以欧、柳两家书法刻版最为美观，可见柳书在唐宋书坛蜚声播誉，柳体又广泛地渗透于民间，并一直延续至今。足见柳公权对后世书法影响之深远。

当然，柳公权将楷书艺术发展到了极致，字体完备，风格十分成熟。这对后人来说是无法超越的，历代书家都无法在他的基础上更进一步，于是只得另辟蹊径。这种情形与宋代文人知晓无法超越唐人诗歌的成就，转而专注于词的创作是异曲同工的。历代书法家在自己的创作阶段，

① 〔南宋〕江少虞：《宋朝事实类苑》，上海古籍出版社，1981 年。

② 〔北宋〕释慧洪：《石门文字禅》，台湾商务印书馆，1980 年。

③ 〔明〕陶宗仪：《书史会要》，中国书店，1988 年。

大多对柳体采取了回避的态度。

书学的高潮在金代暂时衰落了，然而学习柳体之人却仍旧层出不穷。刻于金皇统四年（1144）的《沂州普照寺碑》，是集柳公权之书所成，仲汝文撰，楷书二十四行，行六十二字。后代评论之人认为："虽为集缀所成，然字字挺拔，笔笔雄整，大似公权得意之作，比今所传《玄秘塔碑》与《李晟碑》直有雅俗天渊之别，学柳者能从此入，庶不为米芾所嗤。"① 元代赵孟頫中年学钟繇、"二王"，后又学李邕、苏灵芝。虽然不以柳为面目，但也取其骨，自铸赵体。也有人说："从子昂翁笔砚之侧，知其下笔处颜筋柳骨、银钩铁画果是也。"②

明代董其昌对于柳书最有心得。他曾说："柳尚书极力变右军法，盖不欲与《禊帖》面目相似，所谓神奇化为臭腐，故离之耳。凡人学书，以姿态取媚，鲜能解此。余于虞、褚、颜、欧，皆曾仿佛十一。自学柳诚悬，方悟用笔古淡处。自今以往，不得舍柳法而趋右军也。"③ 董其昌一生勤学柳体，必然能从柳书变法中得到启发，故其论柳，自然精警。

由明入清的行草名家王铎力学柳书，《拟山园帖》所书正书颇得柳体之精髓，而临作如《圣慈》《紫丛靫鞾》则取神遗貌，自为心裁。

清代学颜名家辈出，而学柳者也可比列。书法名家梁同书、梁诗正都学柳体。《鉴止水斋集》云："（同书）公书初法颜、柳，中年用米法，七十后愈臻变化，纯任自然。"《国朝先正事略》："（诗正）公书初学柳诚悬，继参文、赵，晚师颜、李。"此外如大臣左宗棠的行书，也出自颜真卿、柳公权。闺秀如王鉴（郝懿行妻），其书法学

柳公权《冯宿碑》局部

① 杨震方：《碑帖叙录》，上海古籍出版社，1982 年。
② 马宗霍：《书林藻鉴》，文物出版社，1984 年。
③ 〔明〕董其昌：《画禅室随笔》，江苏教育出版社，2005 年。

自欧、柳。

康有为虽对柳书有贬语，但他主张在科举中统一书体用柳体，说："柳之《冯宿碑》《魏公先庙碑》《高元裕碑》最可学，直可缩入卷摺。大卷得此，清劲可喜，若能写之作摺，尤为遒媚绝伦。"柳体的生命不是"馆阁"所能牢笼的，但是因科举而习柳者却是大有其人。

宋代以后关于柳公权书法及其对后世的影响，古代文献中还有许多明确的记载：

（柳公权书《阴符经序》）柳诚悬书，至此极矣，论者或不能尽，然则人之好尚亦难齐矣。李西台（建中）爱柳《尊师志》，欧阳（修）公爱《高重碑》，惟君谟（蔡襄）独喜此序。①

柳公权《魏公先庙碑》局部

然柳氏大字，偏旁清劲可喜，更为奇妙。近世亦有仿效之者，则俗浊不除，不足观。故知与其太肥，不若瘦硬也。（姜夔《续书谱》）②

柳诚悬曰："心正则笔正。"可谓善于笔谏矣。（刘有定《衍极注》）③

柳公权笔瘦如鹤胫。④

正书之擅名者，自魏钟繇而至于宋，仅得四十四人，而唐柳诚悬实铮铮乎其间，则夫墨妙笔精，有不待赞者。（明代宋廉评论）⑤

柳诚悬骨鲠气刚，耿介特立，然严厉不温和矣。⑥

---

①　〔南宋〕董逌：《广川书跋》，上海书画出版社，1998 年。

②　朱友舟：《中国古代书法理论研究丛书》，江苏美术出版社，2008 年。

③④　房弘毅：《历代书法精论·元代卷》，中国书店，2007 年。

⑤　赵文润：《隋唐文化史》，陕西师范大学出版社，1992 年。

⑥　〔明〕项穆：《书法雅言·心相》，中华书局，1983 年。

柳公权庄严。①

柳公名墨行世者，李西台爱《柳尊师志》，欧阳公爱《高重碑》，蔡君谟爱《阴符序》，米元章爱《金刚经》，薛道祖爱《崔陲碑》。②

古人作书，必不作正局。盖以奇为正，此赵吴兴所以不入晋、唐门室也。《兰亭》非不正，其纵宕用笔处，无迹可寻。若形模相似，转去转远。柳公权云"笔正"，须善学柳下惠者参之。余学书三十年，见此意耳。③

欧书劲健，其势紧。柳书劲健，其势松。④

董香光云："学柳诚悬小楷书，方知古人用笔古淡之法。"孙退谷侍郎谓董公娟秀，终囿于右军，未若柳之脱然能离。予谓柳书佳处被退谷一语道尽，但"娟秀"二字未足以概香光。⑤

柳诚悬如关雎，挚而有别。⑥

真书能敛墨入毫，使锋不侧者，篆意也；能以锋摄墨，使毫不裹者，分意也。有涨墨而篆意湮，有侧笔而分意漓。诚悬、景度以后遂滔滔不可止矣。⑦

至范文正《祭石曼卿文》有"颜筋柳骨"之语，而筋骨之辨愈明矣。⑧

褚登善、颜常山、柳谏议文章妙古今，忠义贯日月，其书严正之气溢于楮墨。⑨

① 〔明〕项穆：《书法雅言·心相》，中华书局，1983 年。
② 〔清〕何焯：《庚子消夏记校文》，中华书局，1991 年。
③ 〔明〕董其昌：《画禅室随笔》，江苏教育出版社，2005 年。
④ 〔清〕梁𤩽《承晋斋积闻录》，上海书画出版社，1984 年。
⑤ 〔清〕吴德旋：《初月楼论书随笔》，中华书局，1999 年。
⑥⑦〔清〕包世臣：《艺舟双楫》，北京图书馆出版社，2007 年。
⑧ 〔清〕刘熙载：《艺概》，上海古籍出版社，1982 年。
⑨ 黄简：《历代书法论文选》，上海书画出版社，1979 年。

　　唐世书凡三变，唐初欧、虞、褚、薛、王、陆并辔叠轨，皆尚爽健。开元御宇，天下平乐。明皇极丰肥，故李北海、颜平原、苏灵芝辈并趋时主之好，皆宗肥厚。元和后沈传师、柳公权出矫肥厚之病，专尚清劲，然骨存肉削，天下病矣。①

　　诚悬则欧之变格者，然清劲峻拔，与沈传师、裴休等出于齐碑为多。②

由此不难看出，后来书法家都从不同方面，受到柳公权的影响。宋代的米芾、蔡襄、李建中、欧阳修，皆喜爱柳公权的某一碑刻，各得其所。明代书法大家董其昌对柳体楷书更是情有独钟，体会更真切，更真实。他认为"自学柳诚悬，方悟用笔古淡处。自今以往，不得舍柳法而趋右军也"。"用笔古淡"正是董其昌对柳公权的作品深入分析、认真临习后所体会出来的。

　2. 柳与颜一样以人格和书艺相结合，成为后世书家的楷模。

　　确实，"柳体"与"颜体"已成学习书法之津筏；"心正笔正"之说，为书法伦理标准之一；"颜筋柳骨"已是书法审美的一种类型。人们瞻仰这座丰碑时，景行仰止，重其书，慕其人，故书与人一并永垂不朽。

　　柳体书法对后世的影响是长久而广泛的。所谓长久，是指唐代以后学习柳体书法者代不乏人，直到现代，初学书法者也多以柳体为临习的楷模，以柳公权的《玄秘塔碑》为初学楷书的最佳范本。不论年龄，不管男女，只要是初学书法，柳体是大多数人的选择；所谓广泛，是指柳体书法在民间、在异族都拥有众多的师从者。女真族金人曾集刻柳字为《沂州普照寺碑》（建于皇统四年十月），辽代《道宗宣懿皇后哀册》上柳体的书法显示出契丹民族

———————————

　　①② 〔清〕康有为：《广艺舟双楫》，上海书画出版社，2006年。

对柳体书法的尊崇。从这一点来看，柳公权书法的群众性最强，影响最广泛。在新的时代，人们正以新的视角研究柳书，学习柳书，柳体成为中小学生最常用的习字法帖。而新一代的书法家正淘洗融冶，以其精华，以其书魂，去建设更辉煌的现代书艺大厦。

另一方面，我们也不能不看到，随着时代的发展和现代人审美情趣的变化，唐楷，包括柳公权的楷书在内，正在逐渐被人们所冷落。现代人学书入门大多是唐楷，或欧、或颜、或柳，但到最后，却舍唐楷而追魏碑，有的人甚至认为当初学唐楷入门是"徒费日月"，当然，这种观点是站不住脚的。

柳体集魏晋、隋代、初唐、盛唐诸家楷书之长，对诸家笔法谙于胸，熟于手，其下笔之时，圆者中规，方者中矩，粗而能锐，细而能壮，长者不为有余，短者不为不足，可谓随心所欲，无不适意。后世学柳书者，无柳书赖以创立的广博深厚的传统功力，只能就柳而学柳，仅学柳体表面的东西，笔下也只能出柳书之形，而缺乏柳书之神。更主要的是，书法之神源于人之本身，后世学柳者无柳公权那种全然超脱的精神，即使十分形似，也很难表现出柳书的神韵。这是我们在学习和研究中要注意的。

柳书的法度甚备，甚严，使后世学柳者很难进行再创新。如果说柳公权之前的楷书诸家所建立的法度是一座尚未装饰完美的艺术殿堂，是艺术发展的进行时，后来的人还可以在这座艺术殿堂里进一步发挥自己的艺术才能和创造精神的话，柳体则是一座已经装饰得十分精美的艺术殿堂，是艺术发展的完成时，后人只能在这座艺术殿堂里流连赏叹，而没有任何再创造、再装饰的余地留下来。且不说柳体笔画的搭配、结体上不能有灵活的移易，就是笔画本身也很难进行不同的处理。舒放之笔略收则近欧，但比欧体拘束；瘦劲之笔稍肥则近颜，却不如颜之体局宽裕。善学柳书者，至多得其骨力；不善学者，则徒有其形似。

若一味追求柳书之骨力，则越写越枯，最后只落得个瘦骨嶙峋，枯槎架险了。清代梁章钜曰："余于二十许岁时专学《玄秘塔碑》，将及一年，旋以事舍去，了无得处。然至今作书每有崛健之意，撑柱之形，则一年之功亦不可没也。"① 这道出了学柳者的甘苦之言。要么终生为柳书之奴，要么背叛其而去。时代的发展，渴望自由的人性，追求自立的心态最终使学柳者弃之而去，另谋他途。虽然说学柳书容易得其骨力，难得其神采，但像董其昌那样，先学柳书，后变其法，最终以行草书著名的人亦不在少数。

柳公权是唐代有名的大官僚书法家，他身为高官，却淡泊处世，用心于学问，精心于书艺，在书法艺术的改革和发展中，做出了突出的贡献，为唐代辉煌灿烂之书法发展进行了总结，也为整个楷书的发展奠定了基础，确立了规矩，树立了典范。

新的时代要求我们有创新的精神，站在前代书法名家的肩上，我们要重新审视、研究、融合千年"柳骨"之风，将其发扬光大。

## 四、田园归隐　思绪万千

唐懿宗咸通六年（865），八十八岁高龄的柳公权在自己的家乡京兆华原县柳家原静静地离开了这个世界。今天，我们走过千年的时光隧道，来到这片柳公权曾经出生、成长、归隐、辞世的地方，不由得思绪万千。

柳公权的出生地在柳家原东村塬畔下一个窑院之中。如果不是1985年时，药王山博物馆副馆长王明皋先生细致地实地考察，我们今天恐怕已经没有机会亲眼看见柳公权的故里。

刚过午时，多数村民正在午休，村子一片宁静，这使我们感觉离那位千年前的伟人是如此之近。让义村村口立

---

① 卢辅圣主编：《中国书画全书》，上海书画出版社，1998年。

柳公权故里遗址

　　有一通碑，上书"伟哉柳公"四个大字，碑的背后是一处
洼地，传说是柳公权练字"写尽八缸水，墨染涝池黑"的
洗笔墨池。我们没时间在村里看涝池到底黑不黑，却在沟
底的溪流边，看到一个天然形成的巨大"砚台"。这里鱼
池碧绿，浓荫列岸，蝉鸣不绝于耳，柳林望不到边，真是
一个修身养性的好去处。所谓"砚台"，其实是水草掩映
的小溪旁一大片开阔的石岸，有百十平方米大。石头是黑
色的，在这一带很少见，让人联想到墨黑。有人在石面自
然形成的花纹上加以雕刻，有笔头的形状，有龙的影子，
似乎想让它变成一方真正的"龙砚"。我看他们的这些行
为纯属多余。年幼的柳公权选这块黑色的石头练字，就已
经是聪明过人的了！他只要用瓦罐盛一些水，用毛笔蘸着
在石面上写，就和墨汁写得一样了，而且石面这么大，他
完全可以在这样幽雅的环境里，一遍又一遍地写下去。想
到了柳公权就不由得想到了山清水秀、人杰地灵两个词，
于是迫不及待地想要看看，柳公故里究竟是何面目。

　　在村里一位长者的带领下，我们终于在一条杂草掩映
的小路尽头找到了这位唐代太子太傅的故居。始料未及的

是，这里是一处处于深沟，已
经辟为庄稼地的废弃的土窑
院。院内一共三孔敞口土窑
洞。据考证：这三孔窑洞中靠
左侧的两孔就是柳公权和他的
哥哥柳公绰曾经住过的地方。
只不过柳氏后人失传之后，这
两孔窑洞几经易手，已不知经
历过多少主人。直到明朝中
期，这里因为连年的灾荒和战
乱，被人弃用。窑顶被柴烟熏
得油黑发亮，窑洞的门口已经
杂草丛生，遮蔽了半个窑洞，
破败的景象甚至让人怀疑，这
就是堂堂书法大家柳公权的故
里吗？

然而，答案是肯定的。

土窑前，有一棵"连理
枝"的老柿子树，从埂畔上
向前望去，是一个窄长的山
梁，直通向沟底。据说沟底有

让义村村口的纪念碑

一个柳公权故里遗址"响潭"。沟的对面，一座山头突起
呈圆盖，覆于另一个塬面的斜坡之上，村里人说，那是
"老鳖踏蛋"，预示着与它相对的家户会出大人物，这户人
家就是柳公权的家。柳公权家的确出了两位大人物——哥
哥兵部尚书柳公绰和弟弟太子太保柳公权。

村民们说，那棵连理柿子树就是明证。人们说这棵柿
子树是柳公权和他的哥哥柳公绰亲手合栽，稍有经验的人
就可以看出，这不过是当地村民发挥想象力编造出来的故
事而已。因为树不过碗口粗细，不可能经历了千年风雨的
洗礼。

关于柳家为什么出了大人物？柳家原的乡亲们还有一种说法。说是有一位阴阳先生，顺着这黄土高原一路观测来到柳家原的涝池，他说这里有一个活穴，在这里埋三辈人，家族之中就可以出一位宰相。正巧，阴阳先生碰到了年幼的柳公权。他以为一个孩子不懂什么，就对公权说："你站在这里，看涝池的水动不动？"阴阳先生走到远处去跺脚，又返回来问柳公权说："水动不动？"本来水是动了，聪明的公权却说："不动。"阴阳先生不信，就在他跺脚的地方做了记号，让公权去站在那里跺，他站在涝池旁观察。不承想，柳公权并没站在圈内，而是站在圈外跺脚。阴阳先生亲眼看到涝池的水没动，只好叹口气走了："唉，我把眼窝瞎了！"柳公权却跑回家去，说服父亲把爷爷的墓迁到那个"活穴"上……当然，这是一种迷信的说法，并不可信。

虽然现在的柳家原已经没有一户人家是柳氏的后人，但当年柳家在这里的家业是很大的，村民告诉我们，南面塬上有四十多亩地，过去都是瓦房，现在地里还有砖瓦碎片。前几年，县上还从村里拉走了一通大碑，碑高近一米，现在碑座还埋在地里。就连柳公权和柳公绰墓葬的所在地——让义村也是柳家的田产，可见柳家家业之大。

柳公权逝世后葬于与其故乡隔沟相望的耀州区阿子乡让义村。千百年来关于让义村名字的由来，流传着一个传说，据当地年长的村民告诉我们，让义村原本叫作让牛村，后来，由于柳公绰、柳公权兄弟情深，后人才给这个村子改了名字，叫作让弟村。唐太子太保柳公权和兄长兵部尚书柳公绰晚年相约返回乡里，商议建造墓室的事情，最后选中了这个拱起的塬面的制高点上，据说是一个"金钱吊葫芦"的好穴位。

古人在建墓室时是有一定规定的。按照在朝为官的官品，应该是作为二品要员的柳公权在右，即东面。而按照乡俗则以右为上，俗语称为"哥东弟西"，应是兄长在右，即柳公绰在东。柳公权坚持"哥东弟西"的家乡习俗，然而，柳公权的父母早已去世，柳公绰就是"父兄"，他说了算，柳公绰认为应以官品为准。于是，柳公绰就将东侧的墓按照太子太保的待遇为柳公权修建，以石砌壁，石门石椁，雕刻彩绘，十分讲究。而将西侧的墓按照兵部尚书的待遇，只是灰砖贴墙，石垒墓门，木棺木椁，留给了自己。不料公绰先逝，公权成了一家之长。柳公权亲自主祭，将原来为自己修的墓让给了哥哥柳公绰，并亲笔为哥哥题写墓碑。虽然历经沧海桑田，我们已经看不到柳公权的这个"亲笔"了，但柳氏兄弟相互谦让的手足之情却流芳百世，让义村的村名也由此而来。

柳公权墓

在乡亲们的指引下，我们来到了让义村西北的柳公权墓葬所在地。本以为柳公权深受唐代多位帝王喜爱，死后应该受到厚葬，其陵墓应该和他的书法一样，气势雄浑无比威严。没承想，我们又一次错了。柳公权的墓葬和他住过的窑洞遗址景象颇为相似。一片开阔的庄稼地中，有一条小路，在一个低矮的院墙包围中，便是柳公权安息的地方。没有大门，没有亭廊，没有松柏；没有陈列馆，没有图片也没有文字说明。一切都是那么古拙、朴素。

守墓人赵学文

进入围墙之后，映入眼帘的是周围一片荒芜的野草，在齐膝的野草丛后，矗立着两座坟茔，这就是柳公权和柳公绰二人的墓园。一位老者听到汽车发动机声音后，从后院出来，冲我们微笑，他知道，千里迢迢来到这里的，必然是对柳公怀着无限敬仰的拜谒之人。而我们也清楚，这位衣着简朴的年迈老者，就是墓园的守墓人。老者虽然年已花甲，但十分健谈，从他的口中，我们得知了一些关于柳公权墓葬的情况。

这处孤零零的墓地在野外荒凉了上千年，终于在 1956 年 8 月 6 日被陕西省政府公布为陕西省第一批重点文物保护单位，并略加修缮，墓葬的围墙就是政府出资修建的。整个墓地占地约 6.5 亩，墓地内东西并列着两座墓冢，东侧的是柳公权兄长柳公绰的坟墓，西侧的则是大书法家柳公权的坟墓。两座墓冢形制相似，周长均为 25.2 米，高 3.5 米，墓冢前各立墓碑一通，碑文上下款相同，均为：上款"赐进士及第兵部侍郎兼副都御史陕西巡抚毕沅书"；下款"大清乾隆岁次丙甲孟秋知耀州事张凤鸣立石"。可见，在

柳公权墓冢

清代乾隆年间，曾经对两座墓冢进行了翻修，并为之立碑。东边碑上正文隶书书写："唐兵部尚书柳公公绰之墓"，西边则是："唐太子太师河东郡王柳公权之墓"。

由于柳公权和柳公绰二人在唐代地位显赫，后人传说他们的墓中有大量金银器物，并有金头、金马驹等贵重物品随葬。因此，二十世纪八十年代以来，柳公权墓先后被盗二十八次（均未遂），引发了让义村村民一次又一次的护墓行动。据说有一天夜里，为了保护柳公权的墓，让义村一下子来了四十多个村民，他们和盗墓贼英勇搏斗，直到土枪的散弹打在一个盗墓贼的左肩部，才把盗墓贼赶跑。后来，当地政府

柳公权墓碑

委派可靠的人员前来看管墓地，就是现在的守陵人——赵学文。此后还有多次盗墓事件发生。一天夜里，三个盗墓贼围住了瘦小的赵学文，赵学文高大的老伴提着棍子冲出来，一棍子把盗墓贼打得跪在地上。赵学文急中生智，对着草棚子喊："屋里的人，还不快出来！"这句话把盗墓贼给吓跑了。讲起了自己的故事，老者取下一直叼在嘴角的香烟，满脸皱纹中绽放出豁达乐观的笑容，瘦小的身影给人伟岸的感觉。赵学文老人和自己的老伴在这里已经守候了十几年，除了文物局颁发给他的一张文物保护先进工作者的奖状之外，从未领到一分工资。然而，他依然在这里无怨无悔地守护着柳公权灵魂的栖息之所，不允许任何人

破坏这里。乐观的老人不免也有自己的心事，几经询问，他终于说出了自己的担忧。已经年迈的他，不知道自己还能为这座墓园看护多久，他希望自己的接班人同样是一个尽心尽职，认真负责的文物保护人员，不然，柳公权和柳公绰的墓葬可能难逃被盗的厄运。说到这里，他的目光停留在两座孤零零的坟头之上。顺着他凝重的目光望去，两座坟丘上长满了鲜艳的小花，有几枝碧绿的柳条挂着两缕残破褪色的黄表纸斜斜插在土堆上，那应该是前段时间当地公祭柳公权时留下的。坟前的香炉里没有香，我们看到的是墓园里芳草萋萋，似乎在诉说着柳氏兄弟那不平凡的人生！

# 第四章　斑驳碑石传美名

柳公权是唐代穆宗、敬宗、文宗三朝的侍书，任宫廷最高级的专职书法教师长达十几年之久，在此过程中创作了大量的书法作品。非常可惜的是，在柳公权六十四年的创作生涯中，得以传世的不过二十余件，其他的大部分作品只能从前代各种资料之中找到记载，而原作已经失传。柳公权的作品中，以楷书成就最高，其楷书法度森严，历来被视为学习书法的必学书体。创作的前期，柳公权博采众长，熔各家笔法精华于一炉；创作的后期，他又推陈出新，形成自我的独特风格，因而显示出很强的继承与创新相结合的特点，成为楷书的典范。

据文献记载，柳公权传世的碑版，大都创作于六十岁之后。由于柳公权大多为帝王、大臣书碑，因此对刻工选择非常严格，比如多次为柳书刻碑的邵建和、邵建初兄弟，就是两位技艺精湛的雕刻家。柳书的体骨风韵，在他们的刻刀下逼真地得到再现。柳体作品中最具代表性的就是《玄秘塔碑》和《神策军碑》。而他前期创作的碑版之中，只有《大唐回元观钟楼铭并序》和《冯宿碑》被公认为是柳公权的作品。除此之外，柳公权也有行草之书传世，由于罕有，更显弥足珍贵。

正是这些碑，这些字，经历千载岁月，传颂着柳公美名。不朽的碑石，铮铮"柳骨"，构建了伟大的柳氏书法殿堂。想要进入这个殿堂吗？现在，殿堂之门正在徐徐打开。

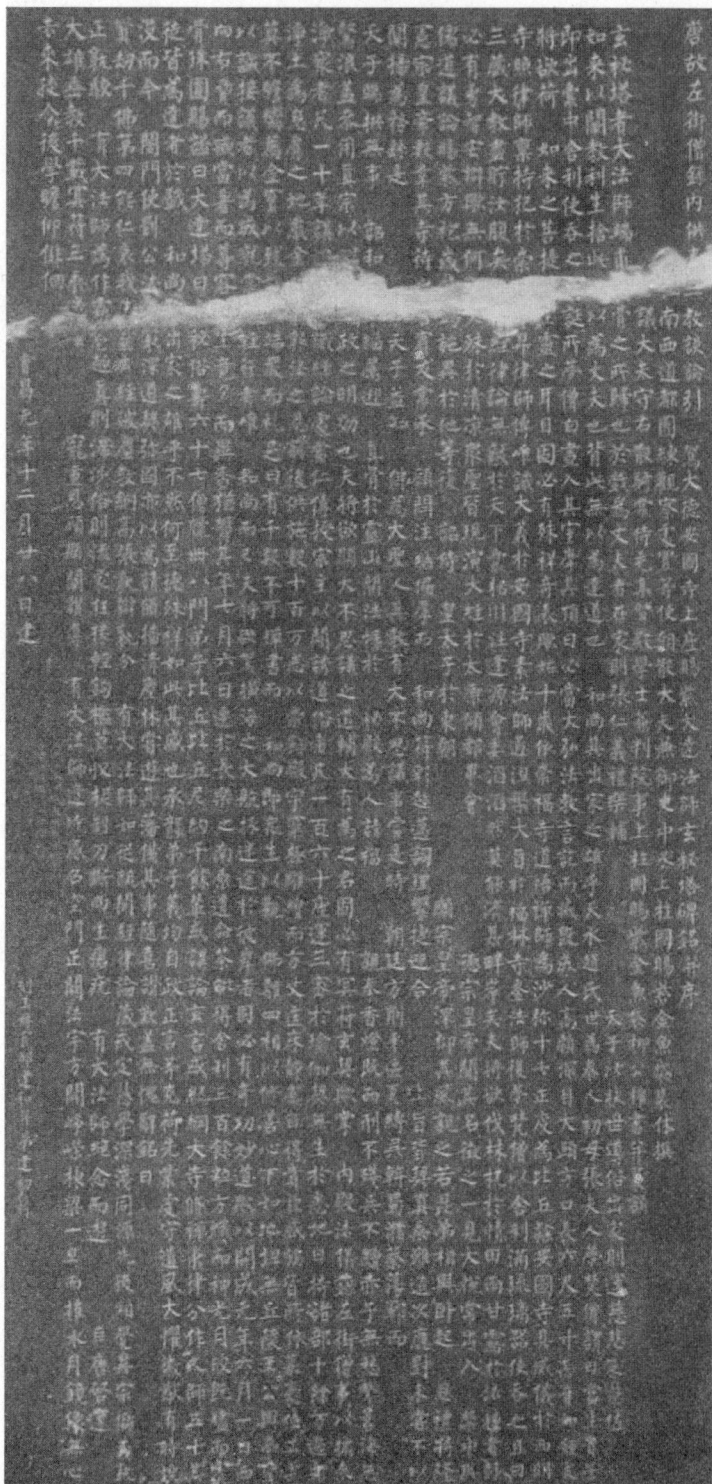

柳公权《玄秘塔碑》

# 一、骨力矫健 刚健遒媚 ——
## 《玄秘塔碑》

六十岁以后，柳公权的书法创作进入了成熟时期，"柳体"在这一时期展现出了独具特色的艺术魅力。唐武宗会昌元年（841），六十四岁的柳公权创作了平生最为得意的作品——《玄秘塔碑》，这也是柳公权楷书中最具代表性的作品之一。

《玄秘塔碑》全称《唐故左街僧录内供奉三教谈论引驾大德安国寺上座赐紫大达法师玄秘塔碑铭并序》，又名《大达法师玄秘塔碑》，唐代裴休撰文，柳公权书并篆额，邵建和、邵建初镌刻。裴休，字公美，唐代河内（河南济源）人。进士出身，后来成了中唐时期的一代名相。他擅长作诗，代表作是《题泐潭》："泐潭形胜地，祖塔在云湄。浩劫有穷日，真风无坠时。岁华空自老，消息竟谁知。到此轻尘虑，功名自可遗。"读这首诗，就知道这位宰相的文学功底不浅了。此外，裴休还擅长书法创作。他撰写的《圭峰禅师碑》，貌似柳体，然而风格比柳公权更为遒媚劲健。宋代书法家米芾曾评价他的作品说："裴休率意写碑，乃有真趣，不陷丑怪。"当然，裴休与柳公权还有同僚之谊。由裴休撰写的《玄秘塔碑》可谓文采不凡，再加上柳公权挺拔秀劲的"柳骨"正书，可谓是珠联璧合，世所罕有。这样充满艺术魅力的杰作，再经唐代刻碑名匠邵建和、邵建初两兄弟之手，则更趋完美。从撰文到正书再到刻工都是名家里手，大家风范，他们通力合作，打造了流传千古的《玄秘塔碑》。

此碑立于唐会昌元年（841）十二月。碑高 3.05 米，宽 1.70 米，共 28 行，行 54 字，共计 1200 余字。碑阴刻有"纪纲重地"四个大字及"大中六年比丘正吉"题字。现存放于西安碑林博物馆。从书体来看，是"柳骨"风格的典型代表。全碑书体端正，笔力挺拔，骨力矫健，筋骨

柳公权
《玄秘塔碑》
局部之一

特露，刚健遒媚。结字的特点主要是内敛外拓，中心攒聚，四边伸张，这种结字容易紧密，挺劲；运笔健劲舒展，干净利落，四面周到，因此字体瘦长，充分体现出那种以方取势、引筋入骨的柳体风格；碑文字体大小错落有致，富于变化，是《玄秘塔碑》的又一特点。人称此碑行文顾盼神飞，行间气脉流贯，无一懈笔，可谓精绝之作。明代王世贞在《褉帖》后序中评价道："玄秘塔铭，柳书中之最露筋骨者，遒媚劲健，固自不乏，要之晋法亦大变耳。"① 清代王澍在《虚舟题跋》中说此书是"诚悬极矜练之作"。前人对于《玄秘塔碑》的评价都是很高的。

后人也有将柳公权的《玄秘塔碑》和"颜体"相比较评论的。如清代刘熙载在《艺概》中曾说："柳书《玄

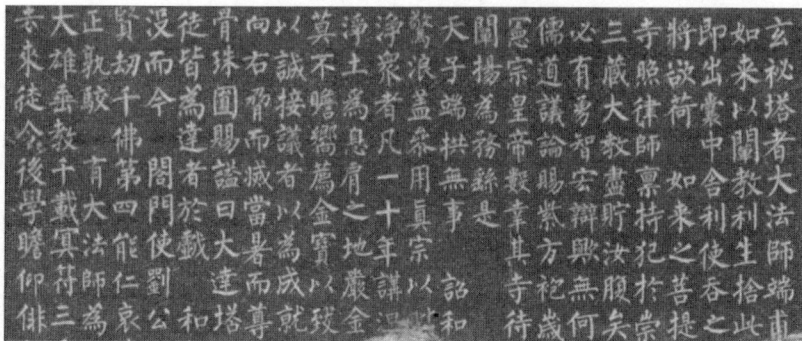

柳公权《玄秘塔碑》局部之二

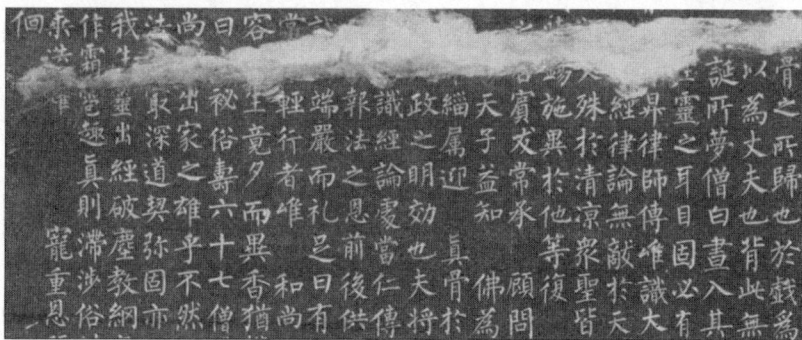

柳公权《玄秘塔碑》局部之三

---

① 〔明〕王世贞：《池北偶谈》，中华书局，2006 年。

秘塔》出自颜真卿《郭家庙》。"① 由此碑可看出柳公权学颜出欧的书法渊源和别构新意的独创精神。颜、柳的楷书结体和用笔差别十分明显，颜书平和，柳书险劲，然而都不失端庄沉着之态。因此历来学习楷书之人，往往以柳公权的《玄秘塔碑》、欧阳询的《九成宫碑》和颜真卿的《多宝塔碑》为入门典范。当然，也有人对此碑有着不同的评价，如明代的赵崡在《石墨镌华》中曾批评此碑说："柳书筋骨太露，不免支离，宜南宫之诋为恶札，而宣城陈氏之笑其不能用右军法也。"② 这样的观点毕竟只有少数人赞同，并不影响多数人对于此碑的喜爱。现将《玄秘塔碑》正文录于下方：

唐故左街僧录内供奉三教谈论引驾大德安国寺上座赐紫大达法师玄秘塔碑铭并序。

江南西道都团练观察处置等使朝散大夫兼御史中丞上柱国赐金鱼袋裴休撰。

谏议大夫，守右散骑常侍，充集贤殿学士兼判院事上柱国赐紫金鱼袋柳公权书并篆额。

玄秘塔者，大法师端甫灵骨之所归也。

於戏！为丈夫者，在家则张仁、义、礼、乐，辅天子以扶世导俗；出家，则运慈悲定慧，佐如来以阐教利生。舍此，无以为丈夫也。背此，无以为达道也。和尚，其出家之雄乎！

天水赵氏，世为秦人。初，母张夫人梦梵僧谓曰："当生贵子。"即出囊中舍利，使吞之。在诞，所梦僧白昼入其室，摩其顶曰："必当大弘教法。"言讫而灭。

既成人，高颡深目，大颐方口，长六尺五寸，其音如钟。夫欲荷如来之菩提，具生灵之耳

---

① 〔清〕刘熙载：《艺概》，上海古籍出版社，1982 年。
② 黄简：《历代书法论文选》，上海书画出版社，1979 年。

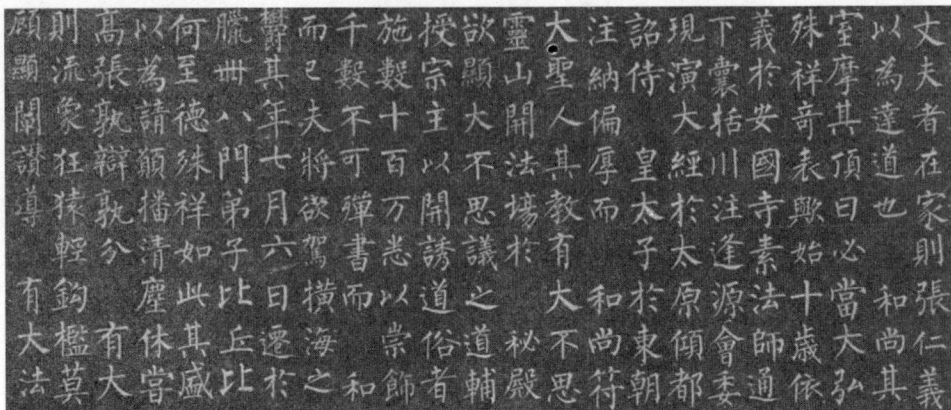

柳公权《玄秘塔碑》局部之四

目，固必有殊祥奇表欤？

始十岁，依崇福寺道悟禅师为沙弥。十七，正度为比丘，隶安国寺。具威仪於西明寺照律师，禀持犯於崇仁寺升律师，传瑜伽识大义於安国寺素法师，通涅槃大旨于福林寺崟法师。复梦梵僧以舍利满琉璃器，使吞之且曰：三藏大教尽贮汝腹矣。演经律论无敌于天下。囊括川注，逢原会委，滔滔然莫能济其畔岸矣。

夫将欲伐株杌於情田，雨甘露於法种者，固必有勇智宏辨欤？

无何谒文殊於清凉，众圣皆现；演大经於太原，倾都毕会。

德宗皇帝闻其名徵之，一见大悦。常出入禁中与儒道论议。赐紫方袍。岁时锡施，异於他等。复诏侍皇太子於东朝。

顺宗皇帝深仰其风，亲之若昆弟。相与卧起，恩礼特隆。

宪宗皇帝数幸其寺，待之若宾友。常承顾问，注纳偏厚。

而和尚符彩超迈，词理响捷，迎合上旨，皆契真乘。虽造次应对，未尝不以阐扬为务。繇是，天子益知佛为大圣人，其教有大不思议事。

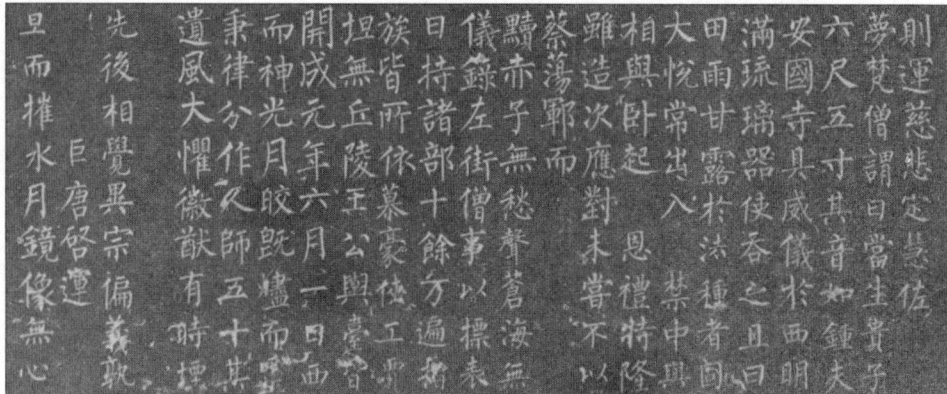

柳公权《玄秘塔碑》局部之五

当是时朝廷方削平区夏，缚吴斡蜀，潴蔡荡郓，而天子端拱无事。诏和尚常缁属迎真骨於灵山，开法场於秘殿。为人请福，亲奉香灯。

既而，刑不残，兵不黩，赤子无愁声，江海无惊浪，盖参用真宗以毗得表政之明效也。

夫将欲显大不思议之道，辅大有为之君，固必有冥符玄契欤？

掌内殿法仪，录左街僧事，以标表净众者凡一十年。讲涅槃以识经论，位处当仁传授宗主以开诱道俗者，凡一百六十座。运三密於瑜伽，契无生於悉地。日持诸部十余万遍。指净土为息肩之地，严金宝为报法之恩。前后供施数十百万，悉以崇饰殿宇，穷极雕绘。而方丈匡床静虑自得。

贵臣盛族皆所依慕，豪侠工贾莫不瞻向。荐金宝以致诚，僧端严而礼足，日有千数，不可殚书。而和尚即众生以观佛，离四相以修善，心下如地，坦无丘陵，王公舆台，皆以诚接。议者以为成就常无轻行者，唯和尚而已。

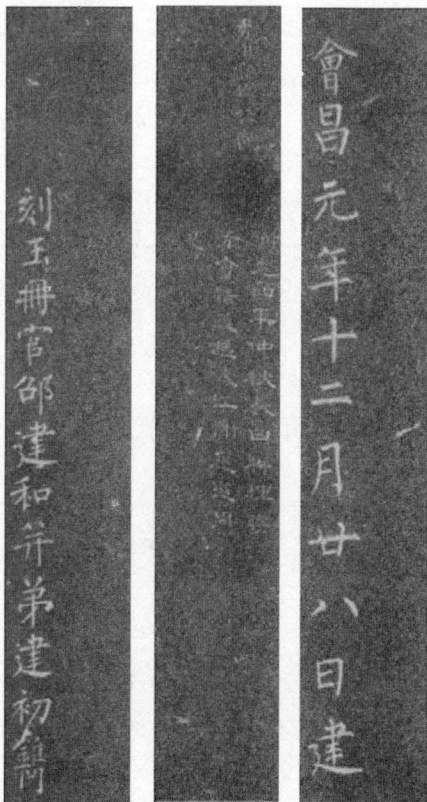

左起柳公权《玄秘塔碑》局部之六至八

夫将欲驾横海之大航，拯群迷於彼岸者，固必有奇功妙道欤？

以开成元年六月一日，向西右胁而灭。当暑而尊容如生，竟夕而异香犹馦。其年七月六日迁於长乐之南原，遗命茶毗，得舍利三百余粒。方炽而神光月皎，既烬而灵骨珠圆。赐谥曰大达，塔曰玄秘。俗寿六十七，僧腊四十八。

弟子比丘比丘尼约千余辈，或讲论玄言，或纪纲大寺。修禅秉律，分作人师五十。其徒皆为达者。

於戏！和尚其出家之雄乎？不然何至德殊祥如此其盛也？

承袭弟子义均、自政、正言等，克荷先业，虔守遗风。大惧徽猷有时堙没，而阁门使刘公，法力最深，道契弥固，亦以为请，愿播清尘。休尝游其藩，备其事，随喜赞叹，盖无愧辞。

铭曰：

贤劫千佛。第四能仁。哀我生灵。出经破尘。

教纲高张。孰辩孰兮？有大法师。如从亲闻。

经律论藏。戒定慧学。深浅同源。先后相觉。

异宗偏义。孰正孰驳？有大法师。为作霜雹。

趣真则滞。涉俗则流。象狂猿轻。钩槛莫收。

柅制刀断。尚生疮疣。有大法师。绝念而游。

巨唐启运。大雄垂教。千载冥符。三乘迭耀。

宠重恩顾。显阐赞导。有大法师。逢时感召。

空门正辟。法宇方开。峥嵘栋梁。一旦而摧。

水月镜像。无心去来。徒令后学。瞻仰徘徊。

会昌元年十二月二十八日建

刻玉册官邵建和并弟建初镌

## 二、法度严谨　沉稳端重——
## 《神策军碑》

除了《玄秘塔碑》之外，柳公权楷书艺术的代表作品并值得称道的就是他六十六岁时所做的《神策军碑》。此碑全称《皇帝巡幸左神策军纪圣德碑并序》，由崔铉撰文，柳公权奉敕书，记唐武宗李炎巡幸左神策军事，也是柳公权楷书中最具代表性的作品之一。

崔铉，字台硕，唐代博州（今山东聊城）人，唐武宗时期考中进士，先后任中书舍人、学士承旨、中书侍郎、同中书门下平章事等职务。后来因为与当朝宰相李德裕不和，被降职为陕虢观察使。唐宣宗初年，再次被提升为河东节度使。此后任御史大夫、尚书左仆射兼门下侍郎，封博陵郡公。大中九年（855），出任淮南节度使。咸通初年，执掌山南东道、荆南二镇，封魏国公。从崔铉的政治道路我们不难看出，他在朝中是极具影响力的人物，不然，皇帝不可能让他来为巡幸神策军一事撰文。崔铉不仅仅是一位饱读诗书的文学之士，他的父亲崔元略也是当时朝野知名的书法家，所以，他在书法上受到其父亲的影响，有一定的造诣。虽然关于他与柳公权之间的关系没有任何记载，但相信他与同样在朝为官的柳公权惺惺相惜，曾经以笔墨相交。二人第一次合作，就创造了书法史上的名作《神策军碑》。

那么，皇帝所巡幸的神策军究竟是何机构，在当时又有怎样的影响，竟然值得立碑作序呢？翻阅大量史料，我们终于得到了答案。神策军是唐代后期主要的禁军队伍。它的前身是陇右节度使所属驻守临洮城西的军队，唐天宝十三载（754），陇右节度使哥舒翰在临洮以西的磨环川置神策军，以成如璆为军使。那时的“神策军”是地名，属于军事据点。安史之乱中，这支军队千余人由军将卫伯玉率领入京平叛，参加了乾元二年（759）攻围安庆绪（安禄山之子）的相州之战。唐军溃败后，卫伯玉与宦官观军容使鱼朝恩退守陕州。这时神策军的故地已被吐蕃士兵占领，卫伯玉所统领的军队仍沿用神策军的名号。后来几经易手，神策军的大权落在了权倾一时的宦官鱼朝恩的手中。广德元年（763），吐蕃大举进犯长安，唐代宗逃奔陕州，鱼朝恩率领神策军护卫唐代宗，事后护送唐代宗返回长安，没有再返回驻地，从此神策军就成了禁军队伍。大历五年（770），鱼朝恩获罪被处死，以后的十几年中，神策军的统领人物多次更换，但大都是皇帝身边的宠臣或者当朝的权贵人物。唐德宗时期，德宗认为朝中文武大臣都不值得信赖，于是在兴元元年（784），下令将神策军分为左右两支，让自己身边值得信赖的宦官分别统领。从此，神策军成了皇帝身边最重要的禁军队伍，负责拱卫京师，尤其是保护皇帝的安全。由于神策军的衣粮赏赐比其他军队优厚，于是戍守长安西、北的其他军队都要求隶属于神策军之下，于是神策军的队伍得以迅速扩大。唐德宗时已增至十五万人。由于宦官控制了神策军和其他禁军，同时也控制了长安城及整个关中地区，从而造成宦官集团长期专权的局面，它对唐后期的政治和社会有重大影响。

后期的神策军地位日重，兵额迅速扩大，但其战斗力日渐衰弱。也像其他禁军一样，不少长安富户和恶霸都挂名于神策军中，以求庇护。有的只是借以逃避徭役和获得赏赐，有的倚势横行，欺压百姓。这些人大多只是每月缴纳课税，实际上并不入伍。唐朝末年爆发了最大规模的农民起义——黄巢大起义，当黄巢起义军进军长安时，唐僖宗下令让神策军守卫潼关，那些挂名于神策军的富户子弟一听说要出征，父子聚哭，出钱雇佣乞丐代替自己。起义军毫不费力就攻破了潼关，进入长安，畿内数万禁军除少数跟随僖宗逃奔成都外，其余全都溃散，神策军就此解散。

唐武宗巡幸神策军时，神策军的权力和地位正处于鼎盛时期。于是，唐武宗下令让崔铉撰文记录此事，并命令当时名噪一时的书法大家柳公权亲笔书写。唐会昌三年（843）碑成，立于皇宫禁地，原碑现已佚失。

此碑与人们熟知的《玄秘塔碑》成碑时间相距仅两年时间，因此风格近似，法度谨严，精魄强健。然而两者也有细微差别，《玄秘塔碑》极劲健，《神策军碑》则雄厚；前者极露筋骨，后者凝练温恭；前者较遒媚，后者则较端重。此碑刻工也极精，或认为柳书传世最佳者。总体看来，《神策军碑》风格更趋成熟，更具特色。其笔法与结构极精练而凝重，结体布局平稳匀整，保留了左紧右舒的传统结构。运笔方圆兼施，运用自如。笔画敦厚，沉着稳健，气势磅礴。典型地表现了柳体楷书浑厚中见开阔的艺术特点。正如岑宗旦《书评》云，柳书"如辕门列兵，森然环卫"[1]。读此碑可以使人加深对"颜筋柳骨"这句话的艺术特征的理解。

欣赏《神策军碑》拓本照片，不难发现此碑字体稍大，体势劲媚疏朗，点画方正峻拔，风逸秀发，气清质实，骨苍神腴，融合了欧、颜和北碑风采，说它是柳公权生平第一妙迹也不为过，它的成就应当在《玄秘塔碑》之上。

孙承泽说："书法端劲中带有温恭之致，乃其最得意

---

① 叶鹏飞：《中国书法发展史》，天津古籍出版社，2000年。

柳公权《神策军碑》拓本局部

之笔。"柳公权的楷书中以《神策军碑》《玄秘塔碑》影响最深远。只是《玄秘塔碑》立于民间，传世拓本很多，原碑得以保存。而《神策军碑》原石立在封建王朝的皇宫大内，对于平常百姓来说，是绝对的禁区，一般人难以进去摹拓，因此拓本传世极少。后来原碑佚失，使得仅有的拓本更显得弥足珍贵。

《神策军碑》唐代的拓本已经全部失传，由于原石也早已不见，现海内外仅存一册宋代的拓本，世称"《神策军碑》宋拓孤本"，上有南宋贾似道、元代翰林国史院、明代晋王朱钢等名家的藏印。这一拓本曾历经清代孙承泽、安岐等人递藏，之后曾一度流于香港。1965年，周恩来总理特批，以重金购回，入藏北京国家图书馆中。据《金石录》记载：这一传世孤拓原来已经装裱为上下二册，流传至今的只是上册五十四页，下册早已失传。上册仅至"来朝上京嘉其诚"之"诚"字止，为碑文的前半部分，后半部分缺失。尽管如此，因其罕见的文物价值和艺术价值，仍被国家图书馆尊为镇馆之宝。现在有谭敬影印本，艺苑真赏社翻印本，又有文物出版社珂罗版影印本通行。其文如下：

皇帝巡幸左神策军纪圣德碑并序

翰林学士承旨朝议郎守尚书司封郎中知制诰上柱国赐紫金鱼袋臣崔铉奉敕撰

正议大夫守右散骑常侍充集贤殿学士判院事上柱国河东县开国伯食邑七百户赐紫金鱼袋臣柳公权奉敕书

集贤直院官朝议郎守衡州长史上柱国臣徐方平奉敕篆额

我国家诞受天命，奄宅区夏，二百廿有余载。列圣相承，重熙累洽，逮于十五叶，运属中兴。仁圣文武至神大孝皇帝，温恭浚哲，齐圣广渊，会天地之昌期，集讴歌於颖邸，由至公而光符，历试逾五让而绍登宝图，握金镜以调四时，抚璇玑而齐七政，蛮貊率俾，神只撝怀，践位之初，惟新霈泽，昭苏品汇，序劝贤能，祗畏劳谦，动尊法度，竭孝思于昭配，尽哀敬于园陵。风雨小衍，虔心以申乎祈祷；虫螟未息，辍食以轸乎黎元。发挥典谟，兴起仁让，敦叙九族，咸秩无文。舟车之所通，日月之所照，莫不涵泳至德，被沐皇风，欣欣然，陶陶然，不知其俗之臻于福寿矣。是以年谷顺成，灾沴不作，惠泽润于有截，声教溢于无垠。粤以明年正月，享之玄元，谒清庙，爰申报本之义，遂有事于圆丘。展帝容，备法驾，组练云布，羽卫星陈，俨翠华之葳蕤，森朱干之格泽。盥荐斋果，奠拜，恭寅故得二仪垂休，百灵受职，有感斯应，无幽不通。大辂鸣銮，则雪清禁道；泰坛紫燎，则气霁寒郊，非烟氤氲休徵杂沓。既而六龙回辔，万骑还宫，临端门，敷大□，行庆颁赏，宥罪录功。究刑政之源，明教化之本，考臧否于群吏，问疾苦于蒸人。绝兼并之流，修水旱之备，百辟竞庄以就位，万国奔走而来庭。搢绅带鹖之伦，□□□謦之俗，莫不解辫蹶角，□德咏□，抃舞康庄，尽以为遭逢尧年舜日矣。皇帝惕然自思，退而谓群臣曰：历观三五已降，致理之君，何常不满招损，谦受益，崇太素，乐无为。宗易简以临人，保慈俭以育物。土阶茅屋，则大之美，是崇抵璧，捐金不贪之。□斯□□，惟□祖宗之丕构，属寰宇之甫宁。思欲追踪太古之遐风，缅慕前……（佚失 30 个字位）……词，或以为乘其饥羸，宜事其饥羸，宜事□□□，以□厚其□□，用助归还。上曰："回鹘尝有功于国家，勋藏王室，继以姻戚，臣节不渝。今者穷而来依，甚足嗟悯，安可幸灾而失信于异域耶？然而将□其穹庐故地，亦□□□□□之人必在，使其忘亡存乎？"兴灭。乃与丞相密议，继遣慰喻之使，申抚纳之情，颁粟帛以恤其困穷，示恩礼以全其邻好。果有大特勤嗢没斯者，□□□贞，生知仁义，达□顺□理，识□之□□，□□于鸿私，沥感激之丹恳，愿释左衽来朝上京，嘉其诚。

# 三、剑光凛冽　游丝细笔 ——
## 《蒙诏帖》等行、草书作品

　　人们言及"柳骨"之时，通常指的是柳公权的楷书作品。毋庸置疑，柳公权在书法领域中的最高成就当然是他方正的楷体字。但是，柳公权作为一位博采众长，自创一

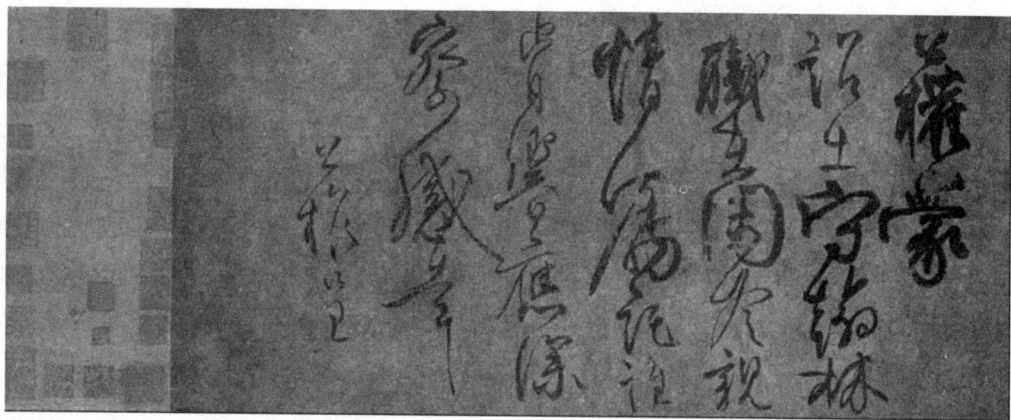

柳公权《蒙诏帖》

体的书法革新者，并不仅仅只擅长楷书一种书体。在柳公权一生的创作中，曾经创作了不少行书和草书作品，也都堪称佳品。其中最具代表性的草书作品就是长庆元年（821），柳公权四十四岁时所书的《蒙诏帖》。

《蒙诏帖》又名《翰林帖》。如前文所说，柳公权创作《蒙诏帖》的时间，是他刚刚从地方调任中央，开始真正意义的仕途之路的第三年。柳公权非常感谢唐穆宗对他的提拔，此时的柳公权虽然已经四十多岁，但是他还怀着一颗赤诚的报国之心，刚刚进入京城为官的他正想一展才华，大展宏图，心情是十分兴奋的。怀着这样激动、兴奋和感激的心情，柳公权写下了《蒙诏帖》。书法艺术其实表达的是作者的个性和心境。此帖楷书风格的雄强刚劲之风灵活地运用到了行书的创作之中，体势稍带颜法，沉劲苍逸。粗细的变化十分明显，点画连绵，体式舒展，气势豪迈，依稀展现出了盛唐气象。清代康熙帝曾评论此帖说："柳公权《蒙诏帖》险中生态，力变右军。"

《蒙诏帖》当世存有两种不同的版本，其一存放于故宫博物院，书于白麻纸上，高26.8厘米，长57.4厘米，共七行，二十七字，其文句如下："公权蒙诏，出守翰林，职在闲冷。亲情嘱托，谁肯响应，深察感幸，公权呈。"整幅作品用笔雄健，气势豪宕。第一行"公权蒙"三字连绵出之，字硕大，笔力纵横，如见柳公权血气方刚，精魄四射。其后三行笔走龙蛇，曲折连环；行间大小错落，字形长短宽窄不一，或断或连，构成章法上的变化；锋出则破空杀纸，游丝则刚柔兼济，气势一泻无碍。后三行，虽字由大而趋小，随手变格，转换出瘦劲面目，然而气脉贯通，豪气流荡至终篇。笔墨浓淡轻重有致，形成层次上的变化。风格豪放雄逸，遒劲流丽，枯润纤掩映相发。《蒙诏》一帖，具有顿挫郁勃，开阔跌宕的艺术特点，足以说明柳公权的书法艺术功底。

另一种版本见于《兰亭续帖》《快雪堂》《三希堂图法帖》等刻帖之中。与故宫博物院所藏作品在文字上有出入。专家根据翰林不应该称"出守"推测，此作品当属赝品，但其风格类似柳体，从结体和通篇布局来看，即使不是柳公权的真迹，也应该是唐末宋初的书法高手所临摹，同样具有很高的价值。正像近人谢稚柳考证的结果一样，此帖意态雄豪，气势遒迈，不仅为柳书的结构，也为唐代法书中的典范风格。①

柳公权的行草作品数量虽然不多，但也都有很高的艺术成就。除了以上所说的最具代表性的《蒙诏帖》之外，还有《王献之〈送梨帖〉跋》《圣慈帖》《伏审帖》《兰亭诗》《辱问帖》《赤箭帖》《紫丝靸鞋帖》《尝瓜帖》等，以下略作介绍。

1. 《王献之〈送梨帖〉跋》

《王献之〈送梨帖〉跋》是纸本行楷书。高 27 厘米，横宽 13.5 厘米。共四行，四十三字。文曰："因太宗书卷首

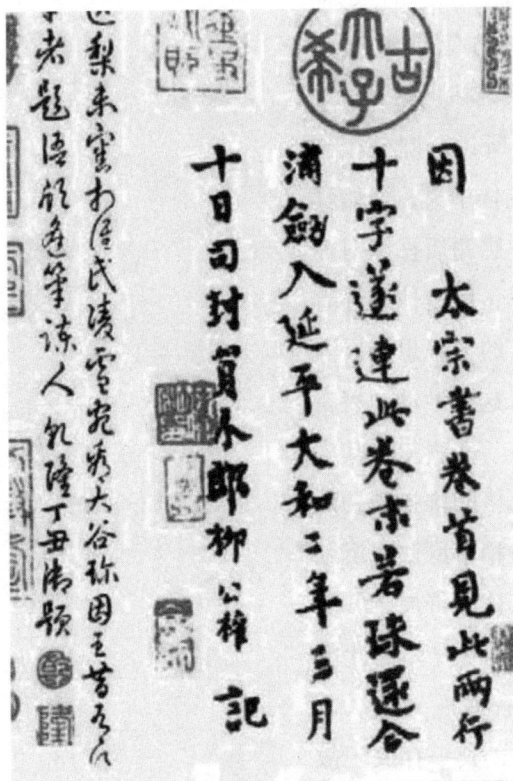

柳公权《王献之〈送梨帖〉跋》

---

① 谢稚柳：《鉴余杂稿》，上海人民美术出版社，1996 年。

见此两行十字，遂连此卷末，若珠还合浦，剑入延平。大和二年三月十日司封员外郎柳公权记。"现藏于上海市博物馆。

此帖是迄今为止，唯一一件没有争议的柳公权墨迹真本。根据柳公权同时代的丁居晦在《重修承旨学士壁记》中记载，柳公权于唐大和二年（828）五月二十一日以司封员外郎再入翰林院充任侍书学士。此跋书写于在此之前的两个月左右，柳公权当时已经五十二岁。此帖用笔丰满，书写率真，字的结体比他的其他作品略显宽博，中心稍低。从此可以看出柳公权书法创作前期就具有一定的修养和功力。《王献之〈送梨帖〉跋》是东晋王献之的草书作品，此跋书于该帖之后，"大和"是唐文宗的年号，跋语中所说的"珠还合浦""剑入延平"都是有典故的，通常用来比喻宝物失而复得的得意之情。由此可以推测柳公权在看到王献之《送梨帖》真迹时那种喜悦和小心翼翼的心境。

2.《圣慈帖》

《圣慈帖》是柳公权作品之中传世不多的草书作品之一，其书写年月，没有明确的记载。后人将此帖刻入宋拓的《大观帖》和《绛帖》之中，前者为四行，后者为五行。现在都藏于北京故宫博物院之中。

全帖共三十三字："圣慈允许守官，稍减罪责，犹深忧惧。续冀面言，不一一。诚悬呈卅弟处，十四日敬白。"开头七个字有较浓的行书味道，显得较为拘谨，从"减"字开始，运笔自如、洒脱，直至肆意、放纵，可谓是渐入佳境。宋代黄庭坚曾评论此帖说："笔势往来如用铁丝纠缠，诚得古人用笔意。"①

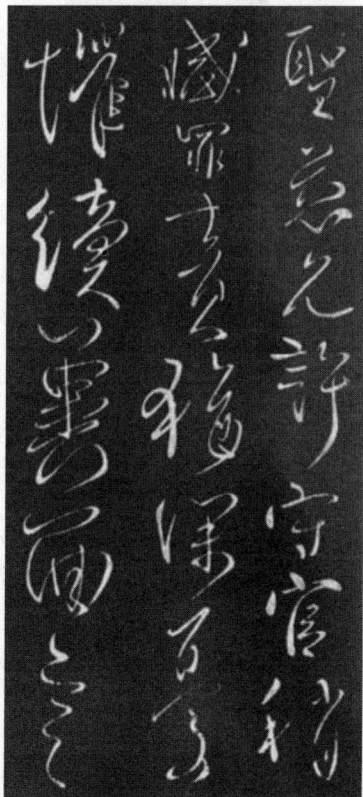

柳公权《圣慈帖》局部

---

① 〔北宋〕黄庭坚：《山谷题跋》，上海远东出版社，1999 年。

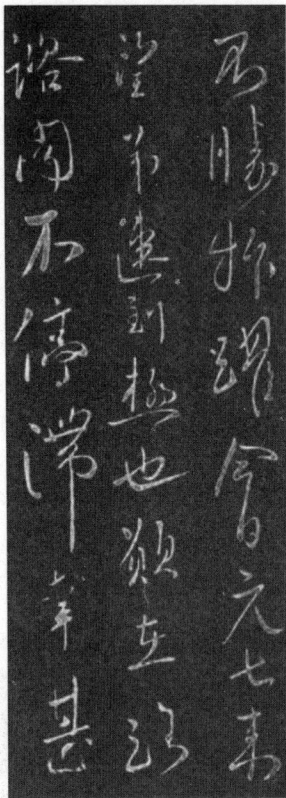

柳公权《伏审帖》局部

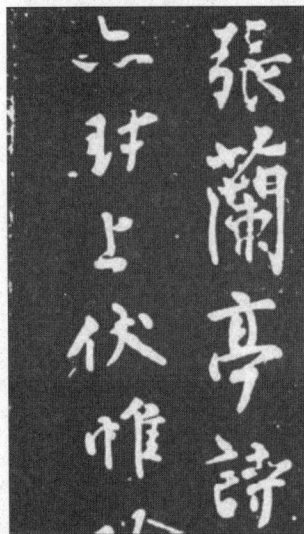

柳公权《兰亭诗》局部

### 3.《伏审帖》

《伏审帖》是柳公权的一封家书，共八十四字，书写年月无从考证。从书体来看，是典型的小草书，字体大小差别较小，整体布局严整，表现出明显的碑版意识，因此推测是柳公权五十岁左右的作品。字体草而不狂，字字分别，虽无连绵不断之势，但以意连之，更显出书法的含蓄韵味。曾刻入《淳化阁帖》《大观帖》《绛帖》等。其文如下：

> 伏审姊姊八月定发，弟与廿八弟同从行，远闻不胜忭跃。今日元七来，望弟速到极也。愿在路谘闻，不停滞，幸甚。未即展豁，尚增悢悢，不一一。公权呈廿三弟、廿六弟、廿八弟、卅弟处，卅一弟意不殊，前要小楷，后使送往耶。

### 4.《兰亭诗》

《兰亭诗》为柳公权抄录东晋大书法家王羲之等人在兰亭宴会上所赋的诗篇，现藏于北京故宫博物院。此卷为缣绢本、乌丝栏行书，高26.5厘米，横长365.3厘米，共一百四十七行。宋代《宣和书谱》中有著录，明代曾刻入《戏鸿堂帖》，后流入清乾隆内府，成为《兰亭八柱帖》中的第四柱。此帖笔力遒逸，郁勃顿挫；结字意态烂漫，每于险中生态；而枯润纤秾掩映相发，干笔、湿墨多韵趣。锋劲处如剑光凛冽，游丝细笔亦似铁铸钢浇，中间杂以小楷，"似无意发之，绝得晋人心印"。王世贞说："骤见之恍然若未识，久看愈妙。""乍看之亦似有一二俗笔，而久之则俗者入眼作妩矣。"[1]

关于《兰亭诗》帖是否为柳公权真迹，目前尚有争论。多数书法研究者认为此帖与柳公权的其他作品风格相去甚远，由此推断不是柳公权的真迹。这样的结论未免有些武断。从书法创作来看，虽然每位书法家的作品风格在其定型之后往往不会发生太大的变化，但是书法创作与作

---

[1]〔明〕王世贞：《池北偶谈》，中华书局，2006年。

者的心路历程有着很大的关系。不同的心境之下写出的作品往往会有风格上的不同，心境大变之时，很难肯定地说柳公权不能写出如《兰亭诗》相同的风格来。千古流传的天下第一行书《兰亭序》也是如此，事后王羲之想要重写《兰亭序》，但总也不能达到当日的功力。可见书法是心手合一的艺术创作。同一作者，不同的心境，会产生不同的作品。再加上行书和草书的书写讲求随意率真、信手拈来，由此看来，风格迥异并不能作为确定《兰亭诗》不是柳公权亲笔书写的绝对证据。此篇的《兰亭诗》，即使不是柳公权的真迹，同样具有极高的艺术欣赏价值。(《兰亭诗》诸家诗作原文见附录2)

　　除了以上四件作品之外，柳公权的《辱问帖》《赤箭帖》《紫丝靸鞋帖》《尝瓜帖》《十六日帖》等风格大体相近，除了少数两字连绵外，大多每字独立，行笔流利，字取纵势，较为瘦长。宋代周必大曾说："公权《赤箭帖》，字瘦而不露骨，沉着痛快，而气象雍容，欧、虞、褚、薛不足进焉。"[1]《尝瓜帖》在流动的行草中时取横势，颇有特色。《十六日帖》则属行楷，以楷为主，但挥洒自然，无拘谨之态，也都是柳公权不可多得的佳品。

## 四、意态雄豪　气势遒迈——柳公权其他传世作品

　　柳公权一生中创作最多，流传最广的是他的碑版。除了上边已经介绍过的《玄秘塔碑》《神策军碑》两件最具代表性的作品之外，还有《金刚经碑》《李晟碑》《大唐回元观钟楼铭》《冯宿碑》《羲阳郡王苻璘碑》《魏公先庙碑》《高元裕碑》《苏夫人墓志》《李石神道碑》等，以下追随柳公权的创作经历，按照创作年代为序进行介绍，以此探寻柳体的演化过程。

---

　　① 朱友舟：《中国古代书法理论研究丛书》，江苏美术出版社，2008年。

柳公权
评传

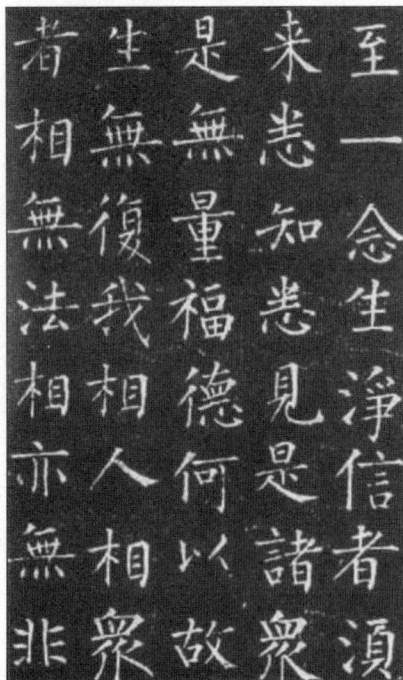

柳公权《金刚经》局部之一

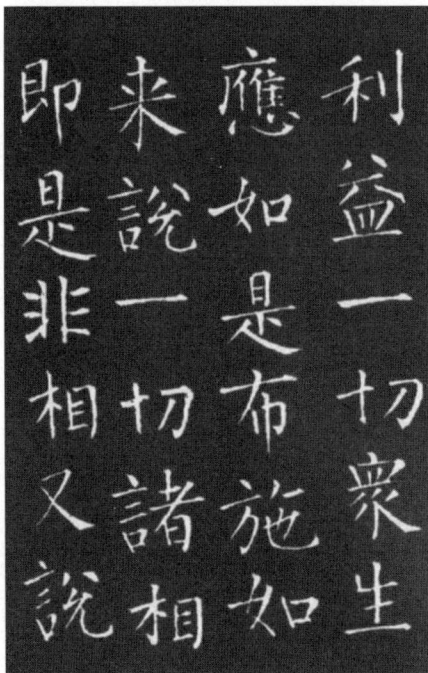

柳公权《金刚经》局部之二

1.《金刚经》（824 年，四十七岁）

《金刚经》是唐代佛教中最有影响的禅宗教派主要经典之一。它于公元前 994 年间成书于古代印度。是佛祖释迦牟尼涅槃之前与众弟子、长老菩提等人的对谈记录，由弟子阿难所记载。"金刚"指最为坚硬的金属，喻指勇猛地突破各种关卡，让自己能够顺利地修行证道；"般若"是梵文音译，意为"通达世间法和出世间法，圆融无碍，恰到好处，绝对完全的大智慧"；"波罗蜜"，意指超越生死而度达解脱的彼岸；"蜜"意为无极。全名是指按照此经修持能成就金刚不坏之本身，修得悟透佛道精髓智慧，脱离欲界、色界、无色界三界而完成智慧（到达苦海彼岸）。也就是说所有十方法界的众生，如果想要修行成佛菩萨，成就无上正等正觉，都要经过《金刚经》的真修实证，开悟而后成就。

此处所说的《金刚经》是立于西明寺中的碑刻，它是柳公权早期的书法作品。此碑为柳公权正书，刻为横石，共十二块，每行十一字。

据《旧唐书》记载，柳公权书写的《金刚经》在当时是享有盛名的。原石在宋代已经被毁，现在能见到的是 1908 年法国人伯希和从敦煌藏经洞中发现的唐代拓本，世称"唐拓孤本"，现藏于法国巴黎国立图书馆中。柳公权早年曾广采众家之长，而且特别注意向前辈书家学习。从《金刚经》中，我们可以看出他取法诸家的痕迹。《广川书跋》评论说："此经本出于西明寺。柳书谓有钟（繇）、王（羲之）、欧（阳询）、虞（世南）、褚（遂良）、陆（柬之）体。今考其书，诚为绝艺，尤可贵也。"[1] 宋代

---

① 〔南宋〕董逌：《广川书跋》，上海书画出版社，1998 年。

董逌这样的评论基本上说出了柳公权这件作品的艺术价值，对于研究柳公权楷书形成的过程及发展线索，无疑是很有帮助的。

按照落款所写的"长庆四年"来看，这一作品应该是柳公权四十七岁（824）时所写。从风格来看，用笔灵巧劲健，下笔精严不苟，笔道瘦挺遒劲而含姿媚；结体缜密，以纵长取形，紧缩中宫，开展四方，清劲而峻拔。初看此碑时，觉得平平无奇，但仔细端详，则有剑拔弩张的态势，灵气和壮美融于一体，已经达到了很高的境界。此碑与柳公权在六十四岁时所书的代表作《玄秘塔碑》十分相近。因此，有人说"柳骨"之风在这一时期应该已经形成。

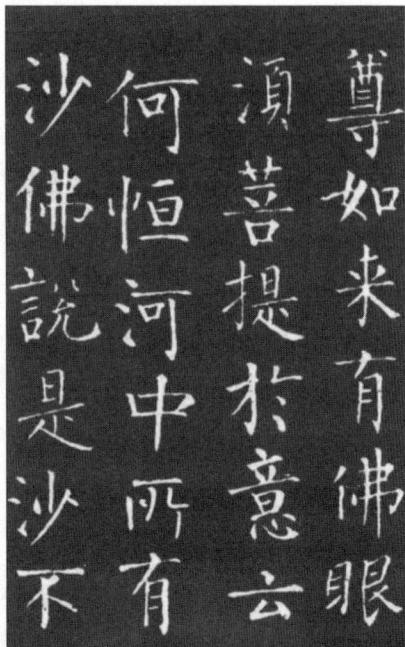

柳公权《金刚经》局部之三

但也有人持有不同意见。他们认为，柳公权后来书写的《大唐回元观钟楼铭并序》和《冯宿碑》创作时代晚于《金刚经》，但是书法功力却略逊一筹，不像《金刚经》那样成熟，由此怀疑此拓本可能是宋代书家刻意模仿《玄秘塔碑》的伪作。这种推测如果属实的话，我们不得不惊羡于那位作此赝品之人在书法方面的深厚功力了。（《金刚经》原文见附录2）

2.《李晟碑》（829年，五十二岁）

《李晟碑》在陕西高陵县，据《金石录》记载，碑连额高一丈四尺二寸，宽五尺八寸二分，三十四行，每行六十一字。由中唐时期名相裴度撰文，柳公权正书，并篆额。

根据《旧唐书》记载，

保存于陕西省高陵县的《李晟碑》

李晟字良器，洮州临洮（今甘肃临洮）人。十八岁时就志愿从军，投奔河西王忠嗣，跟随王忠嗣参加了对抗吐蕃的战争。吐蕃战士悍酋乘城英勇善战，杀伤唐军数人，王忠嗣便在自己的军队中招募擅长弓箭的人，欲除掉悍酋乘城。李晟应招，结果在战场上，李晟一箭射死了悍酋乘城，由此一战成名。王忠嗣因此非常器重他，曾拍着他的肩膀夸奖道："万人敌也。"

大历初年，李抱玉上表推荐李晟为右军都将。吐蕃进犯灵州，李抱玉交给李晟五千兵马要他抗击吐蕃，李晟说："五千兵马，虽然不多，但我以谋略取胜已经绰绰有余了。给我一千人就足够了。"由此可见李晟的过人胆气和谋略。此后李晟在抗击吐蕃的战争中屡建奇功，受到朝廷的赏赐，被封为合川郡王、右神策军都将。

建中二年（781），魏博藩镇节度使田悦反叛，朝廷命李晟为神策军先锋，与河东马燧、昭义李抱真联合进攻，围剿田悦。在李晟的指挥下，唐军以围魏救赵、分隔敌军的策略很快取得了战争的胜利，李晟也因此被调任神策行营节度使，驻扎在渭南地区。当时另一支队伍也驻扎在渭南，但是统军将领刘德信治军无方，士兵常常欺压百姓，李晟因此将刘德信斩首示众。李晟治军严整，由此可见一斑。

唐德宗年间，地方将领朱泚率军叛乱，占领了京城长安，李晟受命率兵平叛，在东渭桥畔与朱泚激战并最终获胜，收复了京城。因此受到皇帝嘉许，在朝中地位日重。李晟一生疾恶如仇，但对自己的属下却十分关心。他带兵时赏罚分明，对自己的部下几乎了如指掌。谁在哪次战斗中立功，谁擅长什么都记得一清二楚。即使是那些军中佣仆的姓名他也可以牢牢记住，因此受到将士们的爱戴。贞元九年（793），李晟去世，唐德宗为他废朝五日，并追封他为太师。唯一令人不解的是，李晟地位如此之高，并受到皇帝垂青，但他去世之后，他的陵墓前并没有立碑，直到三十四年后的大和元年（827），李晟的儿子李听上疏唐文宗，文宗才下令让裴度撰文，柳公权书写，立碑于李晟的墓前。

此碑在明代时已经面目全非，字画仅存。清孙承泽《庚子消夏记》云："字虽剥落，然一看挺拔不群之概，尚可扪而得之也。"[①] 与《金刚经》相比，此碑表现了斩钉截铁、棱角分明、点画爽利森挺、挺拔不群之概。但是有些地方结字显得拘谨，局促。

《李晟碑》原本立于西安城东北高陵县榆楚乡马北村东渭桥北李晟墓西北两百米处。自唐朝至今的一千多年中，由于渭水自身活动，向北移动了四公里左右，为了防止碑被渭水淹没，政府先将原碑迁至高陵县文化馆，现在则移至高陵县第一中学校园内，成为陕西省重点文物保护单位。

3.《大唐回元观钟楼铭并序》（836 年，五十九岁）

《大唐回元观钟楼铭并序》立于唐文宗开成元年（836）四月二十日。石横置，长 214 厘米，宽 60 厘米。共四十一行，每行二十字，由令狐楚撰文，邵建和镌刻。

柳公权《大唐回元观钟楼铭并序》

---

① 〔清〕何焯：《庚子消夏记校文》，中华书局，1991 年。

柳公权《冯宿碑》局部

1986年11月出土于西安市和平门外。此碑风神烁烁，一笔不苟，其用笔重骨力，以方笔为主，辅以圆笔，劲利清健。其结构往往错位中求变化，比如左右结构的字"蹲""钟""楼"等将左边偏旁往上挪，形成左短右长的结字法，在不平衡中求韵趣。柳书向又一纵深渐进。此碑记述了唐回元观的历史沿革，简练而隐晦地提到了回元观是唐玄宗赏赐给安禄山的宅邸。现藏于陕西省博物馆。

4.《冯宿碑》（837年，六十岁）

《冯宿碑》全称为《大唐故银青光禄大夫检校礼部尚书使持节梓州诸军事兼梓州刺史御史大夫充剑南东川节度副大使知节度事管内观察处置静戎军等使上柱国长乐县开国公食邑一千五百户赠吏部尚书冯公神道碑铭并序》。王起撰，柳公权正书并篆额。碑高314厘米，宽104厘米。共四十一行，每行八十三字，该碑现存于西安碑林博物馆。六十岁的柳公权书法创作刚好进入一个新的阶段，此碑爽利快健，神采飞扬。似乎在预示一种更为精练的"柳体"即将孕育而出。就在此后的五六年中，《玄秘塔碑》《神策军碑》等作品便相继问世，成为千年楷书的典范。《庚子消夏记》引杨用修语云："诚悬《冯尚书碑》亚于（虞世南）《庙堂碑》。"① 《石墨镌华》则说："此碑柳书结字小差胜《玄秘塔碑》，尚不堪与薛稷雁行。杨用修云亚于《庙堂碑》，过矣。"②

《冯宿碑》在明代已经磨泐过甚，前部分字体尚可辨认，后半部分已磨泐严重，到清嘉庆时，前半部分又遭损坏，成为无字碑。《庚子消夏记》转引陕西人王宏度的话说："碑已剥尽不可复拓。"因此《冯宿碑》的拓本是比较罕见的。

---

① 〔清〕何焯：《庚子消夏记校文》，中华书局，1991年。
② 黄简：《历代书法论文选》，上海书画出版社，1979年。

5. 《苻璘碑》（838 年，六十一岁）

《苻璘碑》（图 22）由李宗闵撰文，柳公权书并篆额，邵建和镌字。共三十一行，每行六十二字，碑高一丈，宽四尺五寸三分，是柳公权碑刻之中最显要者。原碑在富平县，"文革"中不幸被毁。由于此碑历代享有盛名，因此《金石录》《宝刻类编》《集古求真》等书中均有著录。此碑字虽较小于《玄秘塔碑》，但同样魄力雄浑，字法深厚，结构缜密，神理骏发。孙承泽《庚子消夏记》中说："其书亦带有婵娟不胜罗绮之致。"[①] 是柳体雄浑中有秀媚之色风格的典型代表。

6. 《太子太傅刘沔碑》（848 年，七十一岁）

《太子太傅刘沔碑》全称为《唐故光禄大夫守太子太傅致仕上柱国彭城郡开国公食邑二千户赠司徒刘公神道碑铭并序》，是柳公权后期的代表作品。由韦博撰文，柳公权正书，元度摹勒并篆额。楷书三十七行，每行六十五字。《太子太傅刘沔碑》字仅半寸见方，加上石料不经，刻工也非名家，字口处的残损较为严重，因此许多人在初看此碑时，往往不相信这是柳公权的作品。但仔细端详，会发现此碑字体虽然偏小，但书体劲秀。杨守敬《学书迩言》注意到其"淡雅"特点。细察其碑多用圆笔，如"国"字，右角转换既圆，右直下也呈弓弩形。"司徒"之"司"，右侧遽然下弯，有拙态，"神道"之"道"字的结体也表现出古拙之感。七十岁以后，柳公权的书法风格有所变化，在此碑中得到了体现。此碑与其相近风格者如《苻璘碑》《魏公先庙碑》《太子太傅刘沔碑》《冯宿碑》均有"敛才就范，终归淡雅"的风范。

柳公权《苻璘碑》局部

柳公权《刘沔碑》局部

① 〔清〕何焯：《庚子消夏记校文》，中华书局，1991 年

## 7.《魏公先庙碑》（852 年，七十五岁）

《魏公先庙碑》由唐代崔玙撰文，柳公权正书，全文三十六行，每行六十字。雍正初年出土于西安，由于年代久远，碑断石散，磨泐不全，清末时又曾出土两块碎石，现仅存五块残石而已。立碑年月没有明确的记载，王昶《金石萃编》认为立碑时间应该在咸通末年（874 年左右），《宝刻类编》则认为应该在大中六年（852）。此碑崔文庄雅，柳书遒劲，细看会发现已经达到了淡雅的境界。其笔画颇有俯仰之态，如"上"字、"五"字之横；结字颇取倾仄之势，如"事""国"重心偏右；又如"食邑五百"这行，让左避右，均可玩味。无论是结字还是布局，都给人以动感和错落有致的意味，表现出了柳公权书法出于自然的另一侧面。

柳公权破损的《魏公先庙碑》（局部）

## 8.《高元裕碑》（853 年，七十六岁）

《高元裕碑》全称是《大唐银青光禄大夫守吏部尚书上柱国渤海县开国公食邑三百户赠尚书右仆射高公神道碑铭并序》，萧邺撰文，柳公权正书，是柳公权七十六岁时

柳公权《高元裕碑》拓本

柳公权《高元裕碑》（局部）

的作品。原碑立于河南洛阳，碑连额高一丈有余，宽四尺，正文三十三行，每行七十九字。碑额篆书"大唐故吏部尚书赠尚书右仆射渤海高公神道碑"，四行，二十字。康有为曾说："《高元裕碑》有龙跳虎卧之气。"① 清代杨守敬《学书迩言》中说："《高元裕》一碑，尤为完美，自斯厥后，虽有作者，不能自辟门户矣。"② "龙跳虎卧"是比喻其书法之雄强有力。后者则称其完美，已经达到了炉火纯青的境界。

从目前的拓本来看，原石保存状况极差。碑文带有唐代初年楷书的风范，与欧体的笔画和结体十分相近，但字体略显紧凑，因字取形，长短相宜，不拘一格。不失为柳体之佳作。

柳公权《高元裕碑》拓本局部之一

① 〔清〕康有为：《广艺舟双楫》，上海书画出版社，2006 年。
② 〔清〕杨守敬：《学书迩言》，文物出版社，1982 年。

柳公权《高元裕碑》拓本局部之二

柳公权《高元裕碑》拓本局部之三

9. 《复东林寺碑》（857 年，八十岁）

《复东林寺碑》是柳公权在耄耋之年的作品，由当时的江州刺史崔黯撰文，于唐宣宗大中十一年（857）立于江西庐山。

东林寺位于九江市庐山西麓，因位于西林寺以东而得名。东林寺始建于东晋太元九年（384），为庐山历史悠久的寺院之一。东林寺是佛教净土宗（又称莲宗）的发源地，对一些国家的佛教徒影响较大。东林寺建寺者为名僧慧远（334-416），山西雁门娄烦（今山西宁武附近）人。

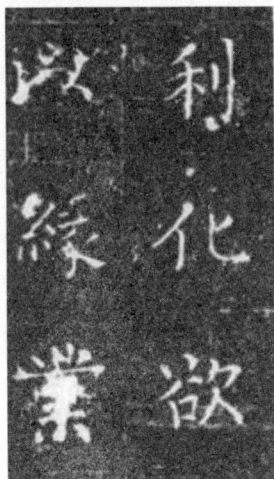

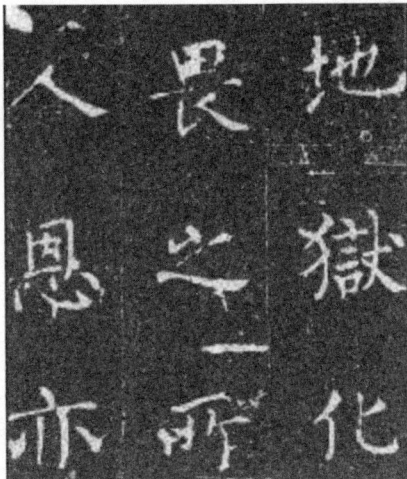

左起柳公权《复东林寺碑》局部之一、之二

他先在西林寺以东结"龙泉精舍"，后得到江州刺史桓伊的资助，筹建东林寺。慧远在东林寺主持三十余年，集聚沙门上千人，罗致中外学问僧一百二十三人结白莲社，译佛经，著教义，同修净土之业，成为佛门净土宗的始祖。

一般寺院的主殿称为大雄宝殿，"大雄"是对佛祖释迦牟尼的尊称。佛有大力能伏"四魔"。但东林寺的主殿称"神运宝殿"，其中还有一段神奇的故事。相传慧远初到庐山西麓时，选择结庐之处，认为东林寺址在丛林之中，无法结庐。打算移到香谷山去结庐。夜梦神告："此处幽静，足以栖佛。"是夜雷雨大作，狂风拔树。翌日该地化为平地，池中多盛良木，作为建寺之材。"神运"之名，由此而来。

唐代鉴真东渡日本的故事，恐怕尽人皆知，但鉴真到过东林寺的事知道的人寥寥无几。唐天宝元年（742），鉴真应日本僧荣睿和普照祈请，六次东渡日本，最后一次终于取得成功。鉴真第五次东渡时在唐代天宝七年（748）春，从扬州出发，经过无数险阻，竟被漂到海南岛的振州（今崖县），东行经万安州（今万宁），渡海至雷州，又经广西藤州、梧州至桂州（今桂林市）。后来，鉴真双目失明。天宝九年（750），他经大庚至江西虔州、吉州，北行至江州（今九江市）。途经东林寺，在东林寺停留，与东林寺僧人智恩志同道合，最后一次东渡时与智恩共行，将东林寺教义传入日本。因此，东林寺在中国思想文化交流史上，产生过积极的作用。

初唐书法家李邕曾经为东林寺书碑，名为《东林寺碑》。唐武宗时，朝廷推行禁止佛教传教的政策，天下佛教寺院大多毁弃，史称"武宗灭佛"。到了唐宣宗时期，佛教重新盛行，宣宗下令重建东林寺，以弘扬佛法，于是大兴土木，在大中六年（852 年）初重建东林寺的工程得以竣工。为了记录这一盛事，崔黯撰文《复东林寺碑》，由柳公权书写，立于寺院之中。

此碑宋代时就因遭火而剥落，元代有摹刻本，清代断裂。此碑虽是柳骨挺拔，但风格已由外射转入内蕴。随着年岁的增长，柳公权斩钉截铁外露的锋芒也相应减少。此碑字间空白颇多，一种心灵之光仿佛荡漾在字里行间。

据说清代学者康有为在 1889 年南归故里的途中，曾专程游览了庐山，游览了佛教净土宗发祥地东林寺。当时的东林寺已呈现衰败状态，佛殿萧索，碑碣倒塌。在游览中，康有为无意之间发现了斋堂地上的一块残碑，也就是柳公权所书的《复东林寺碑》。之后此碑便成了东林寺的镇寺之宝。1926 年，康有为再次游历庐山。当他来到东林寺，见自己发现的那块柳碑依然镶嵌在殿廊，而庙宇却破败不堪时，感人生之多难，叹世事之沧桑，写了一首七律《东林寺柳碑记》以记之：

东林寺柳碑记

康有为

虎溪久塞已无桥，坏殿颓垣太寂寥。

无复白莲思旧社，尚存铜塔依高标。

华严初译现楼阁，陶谢同游想汉霄。

三十八年重到此，重摩柳碑认前朝。

# 附录一:

## 柳公权年表

**唐代宗大历十三年**　　　戊午（778）1 岁

柳公权出生,京兆华原(今陕西耀州区柳家原)人。祖父柳正礼,曾任邠州土曹参军;父亲柳子温,曾任丹州刺史,赠左仆射;伯父柳子华,累迁池州刺史,检校金部郎中、修葺华清池使;兄柳公绰,字起之,比公权大11 岁。

**唐代宗大历十四年**　　　己未（779）2 岁

五月,唐代宗崩。太子李适即位,为唐德宗。

此年,诗人元稹、贾岛出生。

**唐德宗建中元年**　　　庚申（780）3 岁

正月改元。改"租庸调"为"两税法"。

**唐德宗建中二年**　　　辛酉（781）4 岁

吕秀严楷书《大秦景教流行中国碑》立。此碑现存西安碑林博物馆。

**唐德宗建中三年**　　　壬戌（782）5 岁

徐浩（709—782）卒。

**唐德宗兴元元年**　　　甲子（784）7 岁

正月改元。

颜真卿（709—784）在蔡州为叛贼李希烈杀害。

**唐德宗贞元元年**　　　乙丑（785）8 岁

正月改元,大赦天下。

柳公权兄柳工绰十八岁,应制举,登贤良方正、直言极谏科,授秘书省校书郎,正九品上。

怀素（725—785）卒。

**唐德宗贞元四年**　　　　戊辰（788）11 岁

兄柳工绰复应制举，再登贤良方正科，授渭南县尉。

**唐德宗贞元五年**　　　　己巳（789）12 岁

柳公权早慧，此年已能作词、赋。《旧唐书·柳公权传》："公权字诚悬。幼嗜学，十二能为辞赋。"

**唐德宗贞元七年**　　　　辛未（791）14 岁

诗人李贺、书法家裴修出生。

**唐德宗贞元十三年**　　　丁丑（797）20 岁

柳公权弱冠，取字诚悬。《旧唐书·柳公权传》："公权字诚悬"。

**唐德宗贞元十六年**　　　庚辰（800）23 岁

李说卒。

**唐德宗贞元十七年**　　　辛巳（801）24 岁

柳公权书《李说碑》这是有明确记载的柳公权所书的第一通碑。《李说碑》，又称《河东节度李说碑》《河中节度李说碑》。李说，《旧唐书》作李悦，为河东节度使、检校礼部尚书、太原尹，兼御史大夫、北都留守。贞元十六年（800 年）十月卒。此碑郑儋撰文，柳公权正书。唐文宗朝，追立于洛阳，今佚。朱长文《续书断》、赵明诚《金石录目》等有著录。

**唐德宗贞元十九年**　　　癸未（803）26 岁

诗人杜牧出生。

**唐德宗贞元二十一年**　　乙酉（805）28 岁

**唐顺宗永贞元年**

正月，德宗崩。太子诵即位，为唐顺宗。

八月，顺宗退位，称太上皇。太子纯即位，为唐宪宗。以太上皇诰，改元永贞。

柳公权贞元中书《符元亮碑》。《符元亮碑》又称《赠越州都督符元亮碑》。符元亮，名璘，贞元十四年卒。撰文者不详，柳公权正书。《集古录目》载："不著书撰人名氏，其字画则柳公权书也。"此碑唐贞元中立于京兆，久佚。陈思《宝刻丛编》《集古录目》等有著录。

**唐宪宗元和元年** 丙戌（806）29 岁

正月改元。

柳公权此年登进士科，为状元；又登博学宏词科，授秘书省校书郎（正九品上）。

**唐宪宗元和二年** 丁亥（807）30 岁

白居易为翰林学士。

柳公权在校书郎任上。

兄柳公绰为武元衡判官，随之入蜀。

**唐宪宗元和三年** 戊子（808）31 岁

柳公权在校书郎任上。

**唐宪宗元和四年** 己丑（809）32 岁

柳公权在校书郎任上。

兄柳工绰为成都少尹。二月廿九日，成都武侯祠堂立兄公绰正书裴度《蜀丞相诸葛武侯祠堂记》。拓本《蜀丞相诸葛武侯祠堂碑》："节度掌书记侍御史内供奉赐绯鱼袋裴度撰，营田副使检校尚书吏部郎中兼成都少尹侍御史赐紫金鱼袋柳工绰书……元和四年岁次己丑二月廿九日建。镌字人鲁建。"（王昶《金石萃编》卷一〇五）

**唐宪宗元和五年** 庚寅（810）33 岁

柳公权在校书郎任上。

兄公绰改谏议大夫。十一月，献《太医箴》谏游猎，深得嘉赏。十二月，由吏部郎中拜为御史中丞。

**唐宪宗元和六年** 辛卯（811）34 岁

柳公权在校书郎任上。

兄公绰为潭州刺史、兼御史中丞，充湖南观察使。

**唐宪宗元和七年** 壬辰（812）35 岁

柳公权在校书郎任上。

**唐宪宗元和八年** 癸巳（813）36 岁

柳公权在校书郎任上。

兄公绰以湖南地气卑湿，不能迎侍母亲，乞分司洛阳，久不许。十月，移为鄂州刺史，鄂、岳观察使，乃迎母亲至江夏。

诗人李商隐出生。

**唐宪宗元和九年　　　　甲午（814）37 岁**

柳公权在校书郎任上。

兄柳公绰在鄂州观察使任上。

孟郊（751—814）卒。

**唐宪宗元和十年　　　　乙未（815）38 岁**

白居易被贬江州司马。

柳公权在校书郎任上。

兄柳公绰奉诏讨伐武元济，自鄂州直抵安州，善决断，爱士卒，每战必胜。

**唐宪宗元和十一年　　　丙申（816）39 岁**

柳公权在校书郎任上。

兄柳公绰入为给事中，拜京兆尹，以母崔氏忧免。兄弟并服勤。公绰天资仁孝，生母崔夫人丧后，三年不沐浴。事继母薛氏三十年，姻戚不知公绰非薛氏所生。

李贺（790—816）卒。

**唐宪宗元和十二年　　　丁酉（817）40 岁**

柳公权在校书郎任上。

十月，柳州大云寺复建，柳公权书《柳州复大云寺记》。柳宗元撰文志其事，柳公权正书铭石。

**唐宪宗元和十四年　　　己亥（819）42 岁**

五月，夏州刺史李听辟柳公权为掌书记兼判官、太常寺协律郎（正八品上）。

兄柳公绰起为刑部侍郎，五月领盐铁转运使。

**唐宪宗元和十五年　　　庚子（820）43 岁**

唐宪宗服道士金丹，躁怒无常，人人自危。正月，宪宗被宦官陈弘志所杀，太子恒即位。是为穆宗。

正月书《薛苹碑》，又称《左常侍薛苹碑》《散骑左常侍致仕薛苹碑》。孟简撰文，柳公权正书并篆额。唐元和十五年闰正月立于河中。《金石录目》有著录。

柳公权在夏州任上。三月，奉使入京奏事，因前有《题朱审寺壁山水画诗》书法为穆宗所赏识。二十三日，穆宗诏见，赞其书法，拜为右拾遗（从八品上），充翰林侍书学士。据《重修承旨学士壁记》载，本年翰林学士除柳公权外，尚有李德裕、李绅、庾敬休、段文昌、沈传师、杜元颖、李肇、韦处厚、路隋等人。钱易《南部新书》："柳公权尝于佛寺看朱审画山水，手题壁诗曰：'朱审偏能视夕岚，洞边深墨写秋潭。与君一顾西墙画，从此看山不向南。'此句为众歌咏。后公权为李听夏州掌记，因奏事，穆宗召对曰：'我于佛寺见卿笔札，思见卿久矣。'宣出充侍书学士。"

兄公绰转兵部侍郎、兼御史大夫。

**唐穆宗长庆元年　　　辛丑（821）44 岁**

柳公权在右拾遗、翰林侍书学士任上。

亡父柳子温因兄公绰而赠为尚书右仆射。

二月，兄公绰罢盐铁使，守兵部侍郎。三月，除京兆尹、兼御史大夫。十月，改礼部侍郎，后进银青光禄大夫。

**唐穆宗长庆二年　　　壬寅（822）45 岁**

九月，柳公权迁右补阙（从七品上）。

九月，兄公绰由吏部侍郎迁御史大夫。后又改尚书左丞。

**唐穆宗长庆三年　　　癸卯（823）46 岁**

柳公权在右补阙、翰林侍书学士任上。

兄公绰改尚书左丞。五月，检校户部尚书、襄州刺史、山南东道节度使。

**唐穆宗长庆四年　　　甲辰（824）47 岁**

正月，穆宗因服金丹致死。太子湛即位，是为敬宗。

柳公权四月为翰林侍书学士，十一月前出院为起居郎（从六品上）。

四月六日，书《金刚经》，唐长庆四年四月六日，立于京兆西明寺。柳公权正书，强演、邵建和刻。1908 年发现于甘肃敦煌莫高窟藏经洞。《旧唐书》有著录。《旧唐书·柳公权传》："书上都西明寺《金刚经碑》，备有钟、王、欧、虞、褚、陆之体，尤为得意。"

六月，书《大觉禅师塔铭》，李渤撰文，柳公权正书，胡证篆额。唐长庆四年六月立于赣州。《金石录目》有著录。十二月，任起居郎。九日，偕谏议大夫独孤朗等抗疏论淮南节度使王播厚赂求领盐铁使事。

兄公绰在襄州任上，十二月自尚书加检校左仆射。

韩愈（768—824）卒。

**唐敬宗宝历元年　　　　乙巳（825）48 岁**

正月改元。

柳公权在起居郎任上。

正月廿四日，柳公权题王献之《洛神赋》。《跋洛神赋十三行》，又称为《晋王献之洛神十三行跋》。柳公权正书，唐宝历元年（825）正月廿四日题。贴后题有："宝历元年正月廿四日起居郎柳公权。"高 23.7 厘米，小楷书，共二行，三十三字。《泼墨斋法帖》《快雪堂帖》有著录。

兄公绰在襄州任上。

**唐敬宗宝历二年　　　　丙午（826）49 岁**

柳公权在起居郎任上。

随州立兄公绰《紫阳先生碑铭》和《紫阳先生碑阴》。《紫阳先生碑铭》李白撰文，柳公绰正书。《紫阳先生碑阴》李繁撰文，柳公绰正书。十二月廿三日，兄公绰迁为刑部尚书。

**唐文宗大和元年　　　　丁亥（827）50 岁**

二月改元。

柳公权在起居郎任上。

八月，柳公绰以刑部尚书，检校左仆射充邠州刺史、邠宁节度使。

**唐文宗大和二年　　　　戊申（828）51 岁**

三月十日，见任司封员外郎（从六品上）。题王献之《送梨帖》。《王献之〈送梨帖〉跋》，又称《晋王献之〈送梨帖〉跋》，柳公权行书，大和二年（828）三月十日题。纸本，行楷书，四行，四十三字。贴心高 27 厘米，横 13.5 厘米。《泼墨斋法书》有著录。

五月廿一日，又充侍书学士。廿三日，赐紫。

七月，书《涅槃和尚碑》。《涅槃和尚碑》，武库黄撰文，柳公权正书。唐大和二年七月立于洪州。《金石录目》有著录。

七月初一日，兄公绰任检校左仆射、兼刑部尚书。

十一月廿一日，改户部郎中（从五品上）。

**唐文宗大和三年　　　　己酉（829）52 岁**

柳公权在库部郎中任上。

四月六日，书《李晟碑》。《李晟碑》全称为《唐故太尉兼中书令西平郡王赠太师李公神道碑铭》。裴度撰文，柳公权正书并篆额。唐大和三年四月六日立于高陵县（陕西省）。碑高一丈四尺二寸，宽五尺八寸二分。楷书，三十四行，行六十一字。《全唐文》《金石萃编》等有著录。

**唐文宗大和四年　　　　庚戌（830）53 岁**

三月，兄公绰为检校左仆射、太原尹、北都留守、河东节度观察使。

四月，书《王播碑》和《王播志》。《王播碑》全称为《故丞相尚书左仆射赠太尉太原王公神道碑铭》。李宗闵撰文，柳公权正书。唐大和四年正月立于耀州。《墨池编》等有著录。《王播志》，又称《太尉王播墓志》。牛僧孺撰文，柳公权正书。唐大和四年正月八日入窆于耀州。《金石录目》《集古录目》等有著录。

**唐文宗大和五年　　　　辛亥（831）54 岁**

二月，书《韦文恪志》。《韦文恪志》，又称《将作监韦文恪墓志》。庾敬休撰文，柳公权正书。唐大和五年二月入窆于京兆。《墨池编》等有著录。

因兄公绰致书宰相李宗闵乞换一散秩，七月十五日，出院，迁右司郎中（从五品上）。《旧唐书·柳公权传》："公绰在太原，致书于宰相李宗闵云：'家弟苦心辞艺，先朝以侍书见用，颇偕工祝，心实耻之，乞换一散秩。'"

十二月，公权正书《京兆太清宫钟铭》。《京兆太清宫钟铭》，冯宿撰文，柳公权正书。太和五年十二月立于京兆。《金石录目》等有著录。

**唐文宗太和六年　　　　壬子（832）55 岁**

柳公权在右司郎中任上。

兄公绰患病自河东征还。三月，授兵部尚书。四月三日卒（768—832），赠太子太保，谥曰"成"。

**唐文宗太和七年　　　　癸丑（833）56 岁**

柳公权在右司郎中任上。

书《唐昇元刘先生碑》。《昇元刘先生碑》《昇元刘先生从正碑》，全称为《大唐昇元刘先生碑铭》。冯宿撰文，柳公权正书，元度篆额。唐大和七年四月立石。《墨池编》等有著录。

本年迁兵部郎中（从五品上）、鸿文馆学士。

**唐文宗大和八年　　　　甲寅（834）57 岁**

十月十五日，柳公权自兵部郎中、鸿文馆学士充翰林侍书学士。

**唐文宗大和九年　　　　乙卯（835）58 岁**

九月十二日加知制诰，充翰林院学士，仍兼侍书。

**唐文宗开成元年　　　　丙辰（836）59 岁**

柳公权在兵部郎中、翰林院学士任上。

四月廿日。书《回元观钟楼铭》。《回元观钟楼铭》，又称《大唐回元观钟楼铭并序》。令狐楚撰文，邵建和刻字。唐开成元年（836）四月廿日立于万年县（今陕西西安）。1986 年 11 月在西安市和平门外太乙路出土。碑横置，长 124 厘米，高 60 厘米。共四十一行，行二十字。陕西省博物馆藏。三秦出版社有影印出版。

九月二十八日，除中书舍人（正五品上）、充翰林院书诏学士。

十一月，书《王志兴碑》。《王志兴碑》，又称《赠太尉王志兴碑》《宣武节度使太傅侍中雁门郡王志兴碑》《宣武节度使王公神道碑》《太傅侍中王志兴碑》。裴度撰文，柳公权正书，丁居晦篆额。唐开成元年十一月立于洛阳。《墨池编》等有著录。

是时文宗读《易经》每有疑义，即召公权及侍讲学士王起、许康佐入便殿顾问讨论，率以为常，时谓“三侍学士”。王谠《唐语林》卷六：“文宗在藩邸，好读书。宫中内官得《周易》一部，密献……上即位后，捧以随辇。及朝廷无事，览书目，间取书便殿读之。乃诏兵部尚书王起、礼部尚书许康佐为侍讲学士，中书舍人柳公权为侍读学士。每有疑义，即召学士入便殿，顾问讨论，率以为常，时谓‘三侍学士’，恩宠异等。”

公权侍读，殆与王起、许康佐之侍讲有异。

**唐文宗开成二年　　　　　丁巳（837）60 岁**

柳公权在中书舍人、翰林院学士、兼侍书任上。

二月，柳公权从幸未央宫，应制作诗。《旧唐书·柳公权传》：“从幸未央宫，苑中驻辇谓公权曰：‘我有一喜事，边上衣赐，久不及时，今年二月给春衣讫。’公权前奉贺，上曰：‘单贺未了，卿可贺我以诗。’宫人迫其口进，公权应声曰：‘去岁虽无战，今年未得归。皇恩何以报，春日得春衣。’上悦，激赏久之。”《全唐诗》卷四七九有柳公权《应制贺边军支春衣》：“去岁虽无战，今年未得归。皇恩何以报，春日得春衣。挟纩非真纩，分衣是假衣。从今貔武士，不惮戍金微。”

四月十一日，便殿君臣对答，有诤臣之誉。即改谏议大夫（正四品下），翌日下制。《旧唐书·柳公权传》："便殿对六学士，上语及汉文恭俭，帝举袂曰："此浣濯者，三矣。"学士皆赞咏帝之俭德，惟公权无言。帝留而问之，对曰：'人主当进贤良，退不肖，纳谏诤，明赏罚。服浣濯之衣，乃小节耳。'时周墀同对，为之股栗，公权辞气不可夺。帝谓之曰：'极知舍人不合作谏议，以卿言事有诤臣风采，却授卿谏议大夫。'翌日降制，以谏议知制诰，学士如故。"

五月，书《冯宿碑》，又称《尚书冯宿碑》《梓州刺史冯宿碑》《赠吏部尚书冯宿神道碑》《剑南东川节度使冯宿碑》。全称为《大唐故银青光禄大夫检校礼部尚书使持节梓州诸军事兼梓州刺史御史大夫充剑南东川节度副大使知节度事管内观察处置静戎军等使上柱国长乐县开国公食邑一千五百户赠吏部尚书冯公神道碑铭》。王起撰文，柳公权正书并篆额。唐开成二年（873）五月立于万年县（今陕西西安）。碑高314厘米，宽104厘米。楷书，共三十四行，行六十一字。《石墨镌华》《金石萃编》等有著录。今藏西安碑林博物馆。故宫博物院藏有明拓本。

五月，见爵河东县开国男。

七月，书《阴符经序》。《阴符经序》，郑澣撰文，柳公权正书，孙文杲镌刻。唐开成二年七月立于洛阳。欧阳修《集古录跋尾》有著录。

十一月十日，文宗召麟德殿对。

书《罗公碑》，又称《检校金部郎中赠太尉罗公碑》。李绛撰文，柳公权书并篆额。唐开成二年立于洛阳。郑樵《金石略》有著录。

书《柳尊师志》。柳公权撰并正书。唐开成二年（873年）立于京兆华原（今陕西耀州区）。《墨池编》有著录。尊师名处幽，河东虞乡人，柳公权弟。

司空图（837—808）出生。

**唐文宗开成三年　　　　戊午（838）61 岁**

正月，书《崔稹碑》。《崔稹碑》，又称《检校金部郎中崔稹碑》《赠太尉崔稹碑》。李绛撰文，柳公权正书。唐开成三年正月立于洛阳。《墨池编》有著录。

夏日，柳公权与唐文宗及诸学士联句，公权有"熏风自南来"句，受到文宗的赞赏并命题于壁上。《册府元龟》卷四中："（开成）三年，帝夏日与学士联句……柳公权曰：'熏风自南来，殿阁生微凉。'"

七月，书《韦元素碑》。《韦元素碑》，又称《淮南监军韦元素碑》。丁居晦撰文，柳公权正书。唐开成三年七月立于万年县。《墨池编》有著录。

九月廿八日，迁工部侍郎（正四品下）、知制诰、翰林学士承旨。

**唐文宗开成四年　　　　己未（839）62 岁**

柳公权在工部侍郎、知制诰任上。

七月，书《元锡碑》。《元锡碑》，又称《淄王傅元锡碑》《淄王傅元公碑》。李宗闵撰文，柳公权正书。唐开成四年七月立于咸阳。《金石录目》有著录。

书《庄淑公主碑》。《庄淑公主碑》，又称《宪宗女庄淑大长公主碑》。杜牧撰文，柳公权正书。唐开成四年立于万年县。《京兆金石录》有著录。

书《宪穆公主碑》。《宪穆公主碑》，又称《德宗女宪穆公主碑》。柳公权正书。唐开成四年立于万年县。《京兆金石录》有著录。秋日，书《山南西道新修驿路记》。又称《山南西道驿路记》。刘禹锡撰文，柳公权正书。唐开成四年立于兴元。《集古录跋尾》有著录。

书《李有裕碑》。《李有裕碑》，又称《卫尉卿李有裕碑》《赠兵部尚书李有裕碑》。李景让撰文，柳公权正书。开成四年立于万年县。《墨池编》等有著录。

**唐文宗开成五年　　　　庚申（840）63 岁**

奉敕撰并书《何进滔碑》。《何进滔碑》，又称《魏博等州节度何进滔德政碑》。柳公权撰并正书，唐玄度篆额。
开成五年正月立于大名县。《集古录跋尾》《金石录》等
有著录。碑已佚。

二月，高陵县立公权正书王起《罗让碑》。《罗让
碑》，又称《赠礼部尚书罗让碑》《江西观察使赠礼部尚
书罗让碑》。王起撰文，柳公权正书。唐开成五年二月立
于高陵县。《墨池编》有著录。

二月二十日唐武宗即位。

三月九日，柳公权罢内职，授右散骑常侍（从三品）。
宰相崔珙荐为集贤院学士、判院事。

书《李听碑》。《李听碑》，又称《太子太保李听碑》
《李听神道碑》。李石撰，柳公权正书。唐开成五年二月立
于京兆。《集古录跋尾》有著录。

开成三年至五年间，书《苻璘碑》。《苻璘碑》，又称
《义阳郡王苻璘碑》《赠越州都督苻璘碑》《苻璘神道碑》。
全称为《唐赠辅国大将军行左神策军将军知军事检校右散
骑常侍兼御史大夫义阳郡王食邑实封二百户赠越州都督刑
部尚书苻公神道碑铭》。李宗闵撰文，柳公权正书并篆额，
邵建和镌刻。唐开成三年至五年间立于富平（今陕西省富
平县）。《墨池编》《金石录目》《金石萃编》等有著录。

**唐武宗会昌元年　　　辛酉（841）64 岁**

柳公权在右散骑常侍充集贤院学士兼判院事任上。

五月，书《崔陲碑》。《崔陲碑》，又称《赠太师崔陲
碑》《崔太师碑》，全称《故朝议大夫检校尚书吏部郎中
兼御史中丞赐紫金鱼袋清河县开国公赠太师崔公神道碑》。
刘禹锡撰文，柳公权正书。唐会昌元年五月立于偃师（今
属河南洛阳）。《墨池编》有著录。

**唐武宗会昌二年　　　壬戌（842）65 岁**

柳公权在右散骑常侍任上，见封河东县开国伯。

十月后，左授太子詹事，寻改太子宾客（并正三品）。

刘禹锡（722—842）卒。

**唐武宗会昌三年　　　　癸亥（843）66 岁**

四月，奉敕书《神策军碑》。《神策军碑》又称《左神策纪圣德碑》《皇帝巡幸左神策军纪圣德碑》《武宗皇帝巡幸左神策军纪圣德碑》。崔铉撰文，柳公权正书，徐方平篆额。唐会昌三年四月立于万年县（今西安市）。《金石录目》有著录。此为柳公权的代表作品。

十月，书《昊天观碑》。《昊天观碑》，王起碑文，柳公权正书，徐方平篆额。唐会昌三年十月立于万年县（今西安市）。《金石录目》有著录。

贾岛（779—843）卒。

**唐武宗会昌四年　　　　甲子（844）67 岁**

柳公权为太子詹事。四月，书《金刚经》。《金刚经》，又称《注金刚经》。柳公权正书，郑一体题额。唐会昌四年四月立于京兆。《墨池编》有著录。

十月，书《高重碑》。《高重碑》，又称《赠太子少保高重碑》《检校户部尚书高重碑》。高元裕撰文，柳公权正书。唐会昌四年十月立于伊阳县。《集古录跋尾》有著录。

**唐武宗会昌五年　　　　乙丑（845）68 岁**

柳公权为太子詹事。

书《李载义碑》。《李载义碑》，又称《武威郡王赠太傅李载义碑》。裴璟撰文，柳公权正书并篆额。唐会昌五年立于长安县（今西安市）。《京兆金石录》等有著录。

**唐武宗会昌六年　　　　丙寅（846）69 岁**

三月，唐武宗崩。李忱即位，是为宣宗。

柳公权由太子詹事改为太子宾客（正三品）。

十二月，书《李石碑》。《李石碑》，又称《相国李凉国公碑》《检校礼部尚书东都留守李石碑》《李石神道碑》。李德裕撰文，柳公权正书。唐会昌六年十二月立于孟州河阴汉祖庙内。《集古录跋尾》《墨池编》《金石录目》《集古录目》等有著录。

白居易（772—846）卒。

武宗朝曾撰《应制为宫嫔咏》诗，曰："不忿前时忤主恩，已甘寂寞守长门。今朝却得君王顾，重入椒房拭泪痕。"见王定保《唐摭言》卷十三："柳公权，武宗朝在内庭，上尝怒一宫嫔久之，既而复召，谓公权曰：'朕怪此人，然而若学士一篇，当是释然矣。'目御前有蜀笺数十幅，因命授之。公权略伫思而成一绝，曰：'不忿前时忤主恩，已甘寂寞守长门。今朝却得君王顾，重入椒房拭泪痕。'上大悦，赐锦彩二十匹，令宫人拜谢之。"具体年月无考，姑系于会昌之末。

**唐宣宗大中元年　　　　丁卯（847）70 岁**

转太子太师（从二品），上谢表。

宣宗召见于升殿，御前书三纸：一纸真书十字"卫夫人传笔法于王右军"，一纸行书十一字"永禅师真草千字文得家法"，一纸草书八字"谓语助者焉哉乎也"。上赐锦彩、瓶盘等银器。

正月，书《商於驿路记》。《商於驿路记》，又称《商於新驿路记》《新修驿路记》。韦琮撰文，柳公权正书，李商隐篆额。唐大中元年正月，立于商周（今陕西商洛）。《墨池编》有著录。

四月，书《王起碑》。《王起碑》，又称《山南西道节度使王起碑》《赠太师王起神道碑》《太师王起碑》。李回撰文，柳公权正书并篆额。唐大中元年四月立于三原（今陕西三原县）。《墨池编》有著录。书《太仓箴》。《太仓箴》，李商隐撰文，柳公权正书。唐大中元年立于京兆。《丛编》有著录。

书《苏氏墓志》。《苏氏墓志》，又称《李公夫人武功苏氏墓志》。苏涤撰文，柳公权正书。唐大中元年人窆于京兆。《丛编》有著录。

**唐宣宗大中二年　　　　戊辰（848）71 岁**

左散骑常侍，封河东郡公。《旧唐书·柳公权传》："累迁金紫光禄大夫、上柱国、河东郡开国公、食邑二千户。复为左常侍、国子祭酒。"

书《太子太傅刘沔碑》。《太子太傅刘沔碑》，全称为《唐故光禄大夫守太子太傅致仕上柱国彭城郡开国公食邑二千户赠司徒刘公神道碑铭并序》。韦博撰文，柳公权正书，玄度篆额，李从庆镌刻。唐大和二年十月立。《金石录目》《八琼室金石补正》等有著录。碑高五尺七寸二分，广二尺八寸五分。正书三十七行，行六十五字，字径七分。

**唐宣宗大中三年　　　己巳（849）72 岁**

柳公权为左散骑常侍，太子少师。

五月十九日，书《牛僧孺碑》。《牛僧孺碑》，又称《赠太尉牛僧孺碑》，全称为《故丞相太子太师赠太尉牛公神道碑铭》。李钰撰文，柳公权正书并篆额。唐大中三年五月十九日立于万年县（今西安市）。《金石录目》《丛编》《集古录目》等有著录。

**唐宣宗大中四年　　　庚午（850）73 岁**

柳公权为左散骑常侍，太子少师。

书《普光王寺碑》。《普光王寺碑》，又称《普照王寺碑》《泗州临淮普光寺主碑》，全称为《大唐泗州临淮县普光王寺碑》。李邕旧文，柳公权正书。唐大中四年重立于万年县（今西安市）。《墨池编》等有著录。

**唐宣宗大中五年　　　辛未（851）74 岁**

柳公权为左散骑常侍，太子少师。

**唐宣宗大中六年　　　壬申（852）75 岁**

二月廿日，书《韦正冠碑》。《韦正冠碑》，又称《岭南节度韦正冠碑》，全称为《岭南节度使韦公神道碑》。萧邺撰文，柳公权正书。唐大中六年二月廿三日立于万年县（今西安市）。《墨池编》有著录。

《刘荣璨碑》，又称《掖庭局令刘荣璨碑》。唐大中六年立于万年县（今西安市）。柳公权撰文、正书并篆额。《丛编》《京兆金石录》等有著录。

柳公权为左散骑常侍，太子少师。

与天台僧清观交游。八月，书天台国清寺额及批答。为浙江天台国清寺题额"大中国清之寺"。

书《魏谟先庙碑》。又称《魏公先庙碑》《相国魏谟先庙碑》《魏公谟先庙碑》。崔玙撰文，柳公权正书并篆额。唐咸通中立于长安县昌东里。《墨池编》等有著录。碑上下残缺，高五尺五寸五分，广四尺三寸六分。三十六行，行字数无考。

十一月十日，书《高元裕碑》。《高元裕碑》，又称《吏部尚书高元裕碑》《右仆射高元裕神道碑》，全称为《大唐故吏部尚书右仆射渤海高公神道碑》。萧邺撰文，柳公权正书。唐大中七年十一月十日立于洛阳，《墨池编》有著录。撰文并书《康约言碑》，又称《河东监军康约言碑》《内常侍康约言碑》。唐大中七年二月立于万年县（今西安市）。柳公权撰文并正书。《集古录跋尾》有著录。

书《薛苹碑》，又称《河中节度使薛苹碑》《司徒薛苹碑》《司徒致仕太傅韩国公薛苹碑》。李宗闵撰文，柳公权正书。唐大中七年立于绛州。《金石录目》等有著录。

书《刘君碑》。《刘君碑》，又称《起居郎刘君碑》。刘三复撰文，柳公权正书。唐大中七年立于徐州。

书《观音院记》。《观音院记》，又称《护国寺观音院记》。段成式撰文，柳公权正书。唐大中七年立于万年县（今西安市）。《金石录目》有著录。

**唐宣宗大中八年　　　　　甲戌（854）77 岁**

柳公权为左散骑常侍，太子太傅（正二品）。

书《崔从碑》。《崔从碑》，又称《淮南节度崔从碑》《淮南节度使崔从碑》。蒋伸撰文，柳公权正书。唐大中八年立于寿安县。《墨池编》有著录。

**唐宣宗大中九年　　　　　乙亥（855）78 岁**

本年或去年，由国子监祭酒（从三品）迁工部尚书（正三品）。

十月十三日，鄠县立公权篆额，裴休撰并正书《圭峰禅师碑》。《圭峰禅师碑》，又称《定慧禅师碑》《圭峰禅师宗密碑》《圭峰定慧禅师传法碑》《定慧阐释传法碑》《圭峰传法碑》。裴休撰文并正书，柳公权篆额，邵建初镌刻。唐大中九年十月十三日立于鄠县（今陕西户县）。

《集古录跋尾》有著录。

撰并书《濮阳长公主碑》（已佚）。《濮阳长公主碑》，又称《顺宗女濮阳大长公主碑》。柳公权撰文并正书。唐大中九年立于万年县（今西安市）。《丛编》《京兆金石录》等有著录。

**唐宣宗大中十一年　　　　丁丑（857）80 岁**

柳公权为工部尚书。

四月廿六日，书《复东林寺碑》。《复东林寺碑》，唐大中十年四月廿六日立于庐山东林寺。崔黯撰，柳公权正书。《集古录跋尾》有著录。

**唐宣宗大中十二年　　　　戊寅（858）81 岁**

正月一日，含光殿受朝称贺，误上尊号，为御史弹劾，罚一季俸料。曾《类说》卷七引《东宫奏记》："至十二年元日受贺，太子少师柳公权，年亦八十，复为百官首，殿廷辽远，力已绵惫，称贺之后，上尊号'圣敬文思和武光孝皇帝'，公权误曰：'光武和孝'。御史弹之，罚一季俸料。七十致仕，旧典也。公权不尊典礼，老而受辱。"

李商隐（813—858）卒。

**唐宣宗大中十三年　　　　乙卯（859）82 岁**

六月，安国寺摹立公权正书《西明寺金刚经》，摹自长庆四年之西明寺《金刚经》。《安国寺金刚经》，又称《安国寺摹西明寺金刚经》。柳公权正书。唐大中十三年六月立于京兆（今西安市）。《金石录目》有著录。

八月，宣宗因服长生药崩。李漼即位，是为懿宗。

**唐懿宗咸通元年　　　　　庚辰（860）83 岁**

季春，从孙蓝田尉柳珪擢右拾遗，或以不能事父，有司驳还其制，偕侄仲郢为之讼枉。

仲春，改太子少傅。

**唐懿宗咸通二年　　　　　辛巳（861）84 岁**

柳公权为太子少傅。

八月八日，为福州九峰镇国禅院题额。《九峰镇国禅院额》，唐咸通二年八月八日柳公权题于福州，正书。《诸道石刻录》有著录。

书《薛系先庙碑》。《薛系先庙碑》，又称《襄州刺史薛系先庙碑》。郑处诲撰文，柳公权正书。唐咸通二年立于京兆（今西安市）。《访碑录》有著录。

**唐懿宗咸通四年　　　　　癸未（863）86 岁**

书《封敖碑》，又称《平卢节度封敖残碑》。柳公权书。咸通四年立于京兆（今西安市）。《类编》有著录。

**唐懿宗咸通五年　　　　　甲申（864）87 岁**

书《魏谟碑》。《魏谟碑》，又称《太子太保魏謩碑》。令狐绹撰，柳公权书。唐咸通五年立于凤翔。《墨池编》有著录。

裴休（791—864）卒。

**唐懿宗咸通六年　　　　　乙酉（865）88 岁**

柳公权卒，赠太子太师。《旧唐书·柳公权传》："咸通初，改太子少傅，改少师，据三品、二品班三十年。六年卒，赠太子太师，时年八十八。"卒之具体时日无考。

# 附录二:

## 柳公权部分作品原文

1. 《蒙诏帖》

公权蒙诏,出守翰林,职在闲冷。亲情嘱托,谁肯响应,深察感幸,公权呈。

2. 《王献之〈送梨帖〉跋》

因太宗书卷首见此两行十字,遂连此卷末,若珠还合浦,剑入延平。大和二年三月十日司封员外郎柳公权记。

3. 《圣慈帖》

圣慈允许守官,稍减罪责,犹深忧惧。续冀面言,不一一。诚悬呈卅弟处,十四日敬白。

4. 《兰亭诗》诸家诗作

曹华

愿与达人游,解结邀濠梁。

狂吟任所适,浪流无何乡。

曹茂之

时来谁不怀,寄散山林间。

尚想方外宾,迢迢有余闲。

华茂

林荣其郁,浪激其隈。

汎汎轻觞,载欣载怀。

### 桓伟

主人虽无怀，应物贵有尚。
宣尼遨沂津，萧然心神王。
数子各言志，曾生发清唱。
今我欣斯游，愠情亦暂畅。

### 孙绰

流风拂枉渚，停云荫九皋。
莺语吟修竹，游鳞戏澜涛。
携笔落云藻，微言剖纤毫。
时珍岂不甘，忘味在闻韶。

春咏登台，亦有临流。
怀彼伐木，宿此良俦。
修竹荫沼，旋濑萦丘。
穿池激湍，连滥觞舟。

### 孙嗣

望严怀逸许，临流想奇庄。
谁云真风绝，千载挹余芳。

### 孙统

地主观山水，仰寻幽人踪。
回沼激中逵，疏竹间修桐。
因流转轻觞，冷风飘落松。
时禽吟长涧，万籁吹连峰。

茫茫大造，万化齐轨。
罔悟玄同，竞异摽旨。
平勃运谋，黄绮隐几。
凡我仰希，期山期水。

王彬之

鲜葩映林薄，游鳞戏清渠。
临川欣投钓，得意岂在鱼。


丹崖竦立，葩藻映林。
渌水扬波，载浮载沉。


王丰之

肆盼岩岫，临泉濯趾。
感兴鱼鸟，安居幽峙。


王涣之

去来悠悠子，披褐良足钦。
超迹修独往，真契齐古今。


王徽之

先师有冥藏，安用羁世罗。
未若保冲真，齐契箕山阿。


散怀山水，萧然忘羁。
秀薄粲颖，疏松笼崖。
游羽扇霄，鳞跃清池。
归目寄欢，心冥二奇。


王凝之

烟煴柔风扇，熙怡和气淳。
驾言兴时游，逍遥映通津。


庄浪濠津，巢步颖湄。
冥心真寄，千载同归。

## 王肃之

嘉会欣时游，豁尔畅心神。
吟咏曲水濑，渌波转素鳞。


在昔暇日，味存林岭。
今我斯游，神怡心静。


## 王羲之

代谢鳞次，忽焉以周。
欣此暮春，和气载柔。
咏彼舞雩，异世同流。
乃携齐契，散怀一丘。


悠悠大象运，轮转无停际。
陶化非吾因，去来非吾制。
宗统竟安在，即顺理自泰。
有心未能悟，适足缠利害。
未若任所遇，逍遥良辰会。
三春启群品，寄畅在所因。
仰望碧天际，俯盘绿水滨。
寥朗无涯观，寓目理自陈。
大矣造化功，万殊莫不均。
群籁虽参差，适我无非新。
猗与二三子，莫匪齐所托。
造真探玄根，涉世若过客。
前识非所期，虚室是我宅。
远想千载外，何必谢曩昔。
相与无相与，形骸自脱落。
鉴明去尘垢，止则鄙吝生。
体之固未易，三觞解天刑。
方寸无停主，矜伐将自平。

虽无丝与竹，玄泉有清声。

虽无啸与歌，咏言有余馨。

取乐在一朝，寄之齐千龄。

合散固其常，脩短定无始。

造新不暂停，一往不再起。

于今为神奇，信宿同尘滓。

谁能无此慨，散之在推理。

言立同不朽，河清非所俟。

## 王玄之

松竹挺岩崖，幽涧激清流。

消散肆情志，酣畅豁滞忧。

## 王蕴之

散豁情志畅，尘缨忽已捐。

仰咏挹余芳，怡情味重渊。

## 魏滂

三春陶和气，万物齐一欢。

明后欣时丰，驾言映清澜。

亹亹德音畅，萧萧遗世难。

望岩愧脱屣，临川谢揭竿。

## 郗昙

温风起东谷，和气振柔条。

端坐兴远想，薄言游近郊。

## 谢安

伊昔先子，有怀春游。

契兹言执，寄傲林丘。

森森连岭，茫茫原畴。

迥霄垂雾，凝泉散流。

相与欣佳节，率尔同褰裳。
薄云罗阳景，微风翼轻航。
醇醨陶丹府，兀若游羲唐。
万殊混一理，安复觉彭殇。

### 谢万

司冥卷阴旗，句芒舒阳旌。
灵液被九区，光风扇鲜荣。
碧林辉英翠，红葩擢新茎。
翔禽抚翰游，腾鳞跃清泠。

肆眺崇阿，寓目高林。
青萝翳岫，修竹冠岑。
谷流清响，条鼓鸣音。
玄崿吐润，霏雾成阴。

### 谢绎

纵觞任所适，回波萦游鳞。
千载同一朝，休浴陶清尘。

### 徐丰之

清响拟丝竹，班荆对绮疏。
零觞飞曲津，欢然朱颜舒。

俯挥素波，仰掇芳兰。
尚想嘉客，希风永欢。

### 虞说

神散宇宙内，形浪濠梁津。

寄畅须臾欢，尚想味古人。

庾友

驰心城表，寥寥远迈。

理感则一，冥然玄会。

庾蕴

仰想虚舟说，俯欢世上宾。

朝荣虽云乐，夕弊理自因。

袁峤之

人亦有言，得意则欢。

佳宾既臻，相与游盘。

微音迭咏，馥焉若兰。

苟齐一致，遐想揭竿。

四眺华林茂，俯仰晴川涣。

激水流芳醪，豁尔累心散。

遐想逸民轨，遗音良可玩。

古人咏舞雩，今也同斯欢。

### 5.《金刚经》

**第一品　法会因由分**

如是我闻，一时，佛在舍卫国祇树给孤独园，与大比丘众千二百五十人俱。尔时，世尊食时，著衣持钵，入舍卫大城乞食。于其城中，次第乞已，还至本处。饭食讫，收衣钵，洗足已，敷座而坐。

**第二品　善现启请分**

时，长老须菩提在大众中即从座起，偏袒右肩，右膝着地，合掌恭敬而白佛言："希有！世尊！如来善护念诸菩萨，善付嘱诸菩萨。世尊！善男子、善女人，发阿耨多罗三藐三菩提心，应云何住，云何降伏其心？"佛言："善哉，善哉。须菩提！如汝所说，如来善护念诸菩萨，善付嘱诸菩萨。汝今谛听！当为汝说：善男子、善女人，发阿耨多罗三藐三菩提心，应如是住，如是降伏其心。""唯然，世尊！愿乐欲闻。"

**第三品 大乘正宗分**

佛告须菩提："诸菩萨摩诃萨应如是降伏其心！所有一切众生之类：若卵生、若胎生、若湿生、若化生；若有色、若无色；若有想、若无想、若非有想非无想，我皆令入无余涅槃而灭度之。如是灭度无量无数无边众生，实无众生得灭度者。何以故？须菩提！若菩萨有我相、人相、众生相、寿者相，即非菩萨。"

**第四品 妙行无住分**

"复次，须菩提！菩萨于法，应无所住，行于布施，所谓不住色布施，不住声香味触法布施。须菩提！菩萨应如是布施，不住于相。何以故？若菩萨不住相布施，其福德不可思量。须菩提！于意云何？东方虚空可思量不？""不也，世尊！""须菩提！南西北方四维上下虚空可思不？""不也，世尊！""须菩提！菩萨无住相布施，福德亦复如是不可思量。须菩提！菩萨但应如所教住。"

**第五品 如理实见分**

"须菩提！于意云何？可以身相见如来不？""不也，世尊！不可以身相得见如来。何以故？如来所说身相，即非身相。"佛告须菩提："凡所有相，皆是虚妄。若见诸相非相，则见如来。"

**第六品 正信希有分**

须菩提白佛言："世尊！颇有众生，得闻如是言说章句，生实信不？"佛告须菩提："莫作是说。如来灭后，后五百岁，有持戒修福者，于此章句能生信心，以此为实，当知是人不于一佛二佛三四五佛而种善根，已于无量千万佛所种诸善根，闻是章句，乃至一念生净信者，须菩提！如来悉知悉见，是诸众生得如是无量福德。何以故？是诸众生无复我相、人相、众生相、寿者相；无法相，亦无非法相。何以故？是诸众生若心取相，则为著我人众生寿者。若取法相，即著我人众生寿者。何以故？若取非法相，即著我人众生寿者，是故不应取法，不应取非法。以是义故，如来常说：'汝等比丘，知我说法，如筏喻者；法尚应舍，何况非法。'"

### 第七品　无得无说分

"须菩提！于意云何？如来得阿耨多罗三藐三菩提耶？如来有所说法耶？"须菩提言："如我解佛所说义，无有定法名阿耨多罗三藐三菩提，亦无有定法，如来可说。何以故？如来所说法，皆不可取、不可说、非法、非非法。所以者何？一切圣贤，皆以无为法而有差别。"

### 第八品　依法出生分

"须菩提！于意云何？若人满三千大千世界七宝以用布施，是人所得福德，宁为多不？"须菩提言："甚多，世尊！何以故？是福德即非福德性，是故如来说福德多。""若复有人，于此经中受持，乃至四句偈等，为他人说，其福胜彼。何以故？须菩提！一切诸佛，及诸佛阿耨多罗三藐三菩提法，皆从此经出。须菩提！所谓佛法者，即非佛法。"

### 第九品　一相无相分

"须菩提！于意云何？须陀洹能作是念：'我得须陀洹果'不？"须菩提言："不也，世尊！何以故？须陀洹名为入流，而无所入，不入色声香味触法，是名须陀洹。""须菩提！于意云何？斯陀含能作是念：'我得斯陀含果'不？"须菩提言：不也，世尊！何以故？斯陀含名一往来，而实无往来，是名斯陀含。""须菩提！于意云何？阿那含能作是念：'我得阿那含果'不？"须菩提言："不也，世尊！何以故？阿那含名为不来，而实无来，是名阿那含。""须菩提！于意云何？阿罗汉能作是念，'我得阿罗汉道'不？"须菩提言："不也，世尊！何以故？实无有法名阿罗汉。世尊！若阿罗汉作是念：'我得阿罗汉道'，即著我人众生寿者。世尊！佛说我得无净三昧，人中最为第一，是第一离欲阿罗汉。我不作是念：'我是离欲阿罗汉'。世尊！我若作是念：'我得阿罗汉道'，世尊则不说须菩提是乐阿兰那行者！以须菩提实无所行，而名须菩提是乐阿兰那行。"

### 第十品　庄严净土分

佛告须菩提："于意云何？如来昔在然灯佛所，于法有所得不？""不也，世尊！如来在然灯佛所，于法实无所得。""须菩提！于意云何？菩萨庄严佛土不？""不也，世尊！何以故？庄严佛土者，则非庄严，是名庄严。""是故须菩提！诸菩萨摩诃萨应如是生清净心，不应住色生心，不应住声香味触法生心，应无所住而生其心。须菩提！譬如有人，身如须弥山王，于意云何？是身为大不？"须菩提言："甚大，世尊！何以故？佛说非身，是名大身。"

### 第十一品　无为福胜分

"须菩提！如恒河中所有沙数，如是沙等恒河，于意云何？是诸恒河沙宁为多不？"须菩提言："甚多，世尊！但诸恒河尚多无数，何况其沙。""须菩提！我今实言告汝：若有善男子、善女人，以七宝满尔所恒河沙数三千大千世界，以用布施，得福多不？"须菩提言："甚多，世尊！"佛告须菩提："若善男子、善女人，于此经中，乃至受持四句偈等，为他人说，而此福德胜前福德。"

### 第十二品　尊重正教分

"复次，须菩提！随说是经，乃至四句偈等，当知此处，一切世间、天人、阿修罗，皆应供养，如佛塔庙，何况有人尽能受持读诵。须菩提！当知是人成就最上第一希有之法，若是经典所在之处，则为有佛，若尊重弟子。"

### 第十三品　如法受持分

尔时，须菩提白佛言："世尊！当何名此经，我等云何奉持？"佛告须菩提："是经名为《金刚般若波罗蜜》，以是名字，汝当奉持。所以者何？须菩提！佛说般若波罗蜜，则非般若波罗蜜。须菩提！于意云何？如来有所说法不？"须菩提白佛言："世尊！如来无所说。""须菩提！于意云何？三千大千世界所有微尘是为多不？"须菩提言："甚多，世尊！""须菩提！诸微尘，如来说非微尘，是名微尘。如来说：世界，非世界，是名世界。须菩提！于意云何？可以三十二相见如来不？""不也，世尊！何以故？如来说：三十二相，即是非相，是名三十二相。""须菩提！若有善男子、善女人，以恒河沙等身命布施；若复有人，于此经中，乃至受持四句偈等，为他人说，其福甚多。"

### 第十四品　离相寂灭分

尔时，须菩提闻说是经，深解义趣，涕泪悲泣，而白佛言："希有，世尊！佛说如是甚深经典，我从昔来所得慧眼，未曾得闻如是之经。世尊！若复有人得闻是经，信心清净，则生实相，当知是人，成就第一希有功德。世尊！是实相者，即是非相，是故如来说名实相。世尊！我今得闻如是经典，信解受持不足为难，若当来世，后五百岁，其有众生，得闻是经，信解受持，是人则为第一希有。

"何以故？此人无我相、人相、众生相、寿者相。所以者何？我相即是非相，人相、众生、相寿者相即是非相。何以故？离一切诸相，则名诸佛。"佛告须菩提："如是！如是！若复有人得闻是经，不惊、不怖、不畏，当知是人甚为希有。何以故？须菩提！如来说第一波罗蜜，非第一波罗蜜，是名第一波罗蜜。须菩提！忍辱波罗蜜，如来说非忍辱波罗蜜。何以故？须菩提！如我昔为歌利王割截身体，我于尔时，无我相、无人相、无众生相、无寿者相。何以故？

"我于往昔节节支解时，若有我相、人相、众生相、寿者相，应生嗔恨。须菩提！又念过去于五百世作忍辱仙人，于尔所世，无我相、无人相、无众生相、无寿者相。是故须菩提！菩萨应离一切相，发阿耨多罗三藐三菩提心，不应住色生心，不应住声香味触法生心，应生无所住心。若心有住，则为非住。是故佛说：'菩萨心不应住色布施。'须菩提！菩萨为利益一切众生，应如是布施。如来说：一切诸相，即是非相。又说：一切众生，即非众生。须菩提！如来是真语者、实语者、如语者、不诳语者、不异语者。须菩提！如来所得法，此法无实无虚。须菩萨，若菩萨心住于法而行布施，如人入暗，则无所见。若菩萨心不住法而行布施，如人有目，日光明照，见种种色。须菩提！当来之世，若有善男子、善女人，能于此经受持读诵，则为如来以佛智慧，悉知是人，悉见是人，皆得成就无量无边功德。"

**第十五品　经功德分**

"须菩提！若有善男子、善女人，初日分以恒河沙等身布施，中日分复以恒河沙等身布施，后日分亦以恒河沙等身布施，如是无量百千万亿劫以身布施；若复有人，闻此经典，信心不逆，其福胜彼，何况书写、受持、读诵、为人解说。须菩提！以要言之，是经有不可思议、不可称量、无边功德。如来为发大乘者说，为发最上乘者说。若有人能受持读诵，广为人说，如来悉知是人，悉见是人，皆得成就不可量、不可称、无有边、不可思议功德。如是人等，则为荷担如来阿耨多罗三藐三菩提。何以故？须菩提！若乐小法者，著我见、人见、众生见、寿者见，则于此经，不能听受读诵、为人解说。须菩提！在在处处，若有此经，一切世间、天、人、阿修罗，所应供养；当知此处则为是塔，皆应恭敬，作礼围绕，以诸华香而散其处。"

**第十六品　能净业障分**

"复次，须菩提！若善男子、善女人，受持读诵此经，若为人轻贱，是人先世罪业，应堕恶道，以今世人轻贱故，先世罪业则为消灭，当得阿耨多罗三藐三菩提。""须菩提！我念过去无量阿僧祇劫，于然灯佛前，得值八百四千万亿那由他诸佛，悉皆供养承事，无空过者，若复有人，于后末世，能受持读诵此经，所得功德，于我所供养诸佛功德，百分不及一，千万亿分，乃至算数譬喻所不能及。须菩提！若善男子、善女人，于后末世，有受持读诵此经，所得功德，我若具说者，或有人闻，心则狂乱，狐疑不信。须菩提！当知是经义不可思议，果报亦不可思议。"

### 第十七品　究竟无我分

尔时，须菩提白佛言："世尊！善男子、善女人，发阿耨多罗三藐三菩提心，云何应住？云何降伏其心？"佛告须菩提："善男子、善女人，发阿耨多罗三藐三菩提者，当生如是心，我应灭度一切众生。灭度一切众生已，而无有一众生实灭度者。何以故？须菩提！若菩萨有我相、人相、众生相、寿者相，则非菩萨。所以者何？须菩提！实无有法发阿耨多罗三藐三菩提者。""须菩提！于意云何？如来于然灯佛所，有法得阿耨多罗三藐三菩提不？""不也，世尊！如我解佛所说义，佛于然灯佛所，无有法得阿耨多罗三藐三菩提。"佛言："如是！如是！须菩提！实无有法如来得阿耨多罗三藐三菩提。须菩提！若有法得阿耨多罗三藐三菩提，然灯佛则不与我授记：汝于来世，当得作佛，号释迦牟尼。以实无有法得阿耨多罗三藐三菩提，是故然灯佛与我授记，作是言：'汝于来世，当得作佛，号释迦牟尼。'何以故？如来者，即诸法如义。若有人言：'如来得阿耨多罗三藐三菩提。'须菩提！实无有法，佛得阿耨多罗三藐三菩提。须菩提！如来所得阿耨多罗三藐三菩提，于是中无实无虚。是故如来说：一切法皆是佛法。须菩提！所言一切法者，即非一切法，是故名一切法。须菩提！譬如人身长大。"须菩提言："世尊！如来说：人身长大，则为非大身，是名大身。""须菩提！菩萨亦如是。

若作是言：'我当灭度无量众生'，则不名菩萨。何以故？须菩提！无有法名为菩萨。是故佛说：一切法无我、无人、无众生、无寿者。须菩提！若菩萨作是言，'我当庄严佛土'，是不名菩萨。何以故？如来说：庄严佛土者，即非庄严，是名庄严。须菩提！若菩萨通达无我法者，如来说名真是菩萨。"

**第十八品　一体同观分**

"须菩提！于意云何？如来有肉眼不？"

"如是，世尊！如来有肉眼。"

"须菩提！于意云何？如来有天眼不？"

"如是，世尊！如来有天眼。"

"须菩提！于意云何？如来有慧眼不？"

"如是，世尊！如来有慧眼。"

"须菩提！于意云何？如来有法眼不？"

"如是，世尊！如来有法眼。"

"须菩提！于意云何？如来有佛眼不？"

"如是，世尊！如来有佛眼。"

"须菩提！于意云何？恒河中所有沙，佛说是沙不？"

"如是，世尊！如来说是沙。"

"须菩提！于意云何？如一恒河中所有沙，有如是等恒河，是诸恒河所有沙数，佛世界如是，宁为多不？""甚多，世尊！"佛告须菩提："尔所国土中，所有众生，若干种心，如来悉知。何以故？如来说：诸心皆为非心，是名为心。所以者何？须菩提！过去心不可得，现在心不可得，未来心不可得。"

**第十九品　法界通分分**

"须菩提！于意云何？若有人满三千大千世界七宝以用布施，是人以是因缘，得福多不？""如是，世尊！此人以是因缘，得福甚多。""须菩提！若福德有实，如来不说得福德多；以福德无故，如来说得福德多。"

**第二十品　离色离相分**

"须菩提！于意云何？佛可以具足色身见不？""不也，世尊！如来不应以具足色身见。何以故？如来说：具足色身，即非具足色身，是名具足色身。""须菩提！于意云何？如来可以具足诸相见不？""不也，世尊！如来不应以具足诸相见。何以故？如来说：诸相具足，即非具足，是名诸相具足。"

### 第二十一品 非说所说分

"须菩提！汝勿谓如来作是念：'我当有所说法。'莫作是念，何以故？若人言：如来有所说法，即为谤佛，不能解我所说故。须菩提！说法者，无法可说，是名说法。"尔时，慧命须菩提白佛言："世尊！颇有众生，于未来世，闻说是法，生信心不？"佛言："须菩提！彼非众生，非不众生。何以故？须菩提！众生众生者，如来说非众生，是名众生。"

### 第二十二品 无法可得分

须菩提白佛言："世尊！佛得阿耨多罗三藐三菩提，为无所得耶？"佛言："如是，如是。须菩提！我于阿耨多罗三藐三菩提乃至无有少法可得，是名阿耨多罗三藐三菩提。"

### 第二十三品 净心行善分

"复次，须菩提！是法平等，无有高下，是名阿耨多罗三藐三菩提；以无我、无人、无众生、无寿者，修一切善法，即得阿耨多罗三藐三菩提。须菩提！所言善法者，如来说即非善法，是名善法。"

### 第二十四品 福智无比分

"须菩提！若三千大千世界中所有诸须弥山王，如是等七宝聚，有人持用布施；若人以此《般若波罗蜜经》，乃至四句偈等，受持、为他人说，于前福德百分不及一，百千万亿分，乃至算数譬喻所不能及。"

### 第二十五品 化无所化分

"须菩提！于意云何？汝等勿谓如来作是念：'我当度

众生。'须菩提！莫作是念。何以故？实无有众生如来度者。若有众生如来度者，如来则有我、人、众生、寿者。须菩提！如来说：有我者，则非有我，而凡夫之人以为有我。须菩提！凡夫者，如来说则非凡夫。"

### 第二十六品　法身非相分

"须菩提！于意云何？可以三十二相观如来不？"须菩提言："如是！如是！以三十二相观如来。"佛言："须菩提！若以三十二相观如来者，转轮圣王则是如来。"须菩提白佛言："世尊！如我解佛所说义，不应以三十二相观如来。"尔时，世尊而说偈言："若以色见我，以音声求我，是人行邪道，不能见如来。"

### 第二十七品　无断无灭分

"须菩提！汝若作是念：如来不以具足相故，得阿耨多罗三藐三菩提。须菩提！莫作是念，如来不以具足相故，得阿耨多罗三藐三菩提。须菩提！汝若作是念，发阿耨多罗三藐三菩提心者，说诸法断灭。莫作是念！何以故？发阿耨多罗三藐三菩提心者，于法不说断灭相。"

### 第二十八品　不受不贪分

"须菩提！若菩萨以满恒河沙等世界七宝布施；若复有人知一切法无我，得成于忍，此菩萨胜前菩萨所得功德。须菩提！以诸菩萨不受福德故。"须菩提白佛言："世尊！云何菩萨不受福德？""须菩提！菩萨所作福德，不应贪著，是故说不受福德。"

### 第二十九品　威仪寂净分

"须菩提！若有人言：如来若来若去、若坐若卧，是人不解我所说义。何以故？如来者，无所从来，亦无所去，故名如来。"

### 第三十品　一合理相分

"须菩提！若善男子、善女人，以三千大千世界碎为微尘，于意云何？是微尘众宁为多不？""甚多，世尊！何以故？若是微尘众实有者，佛则不说是微尘众，所以者何？佛说：微尘众，即非微尘众，是名微尘众。世尊！如来所说三千大千世界，则非世界，是名世界。何以故？若世界实有，则是一合相。如来说：一合相，则非一合相，是名一合相。须菩提！一合相者，则是不可说，但凡夫之人贪著其事。"

### 第三十一品　知见不生分

"须菩提！若人言：佛说我见、人见、众生见、寿者见。须菩提！于意云何？是人解我说义不？""不也，世尊！是人不解如来所说义。何以故？世尊说：我见、人见、众生见、寿者见，即非我见、人见、众生见、寿者见，是名我见、人见、众生见、寿者见。""须菩提！发阿耨多罗三藐三菩提心者，于一切法，应如是知，如是见，如是信解，不生法相。须菩提！所言法相者，如来说即非法相，是名法相。"

### 第三十二品　应化非真分

"须菩提！若有人以满无量阿僧祇世界七宝持用布施，若有善男子、善女人发菩提心者，持于此经，乃至四句偈等，受持读诵，为人演说，其福胜彼。云何为人演说，不取于相，如如不动。何以故？""一切有为法，如梦幻泡影，如露亦如电，应作如是观。"

佛说是经已，长老须菩提及诸比丘、比丘尼、优婆塞、优婆夷，一切世间、天、人、阿修罗，闻佛所说，皆大欢喜，信受奉行。

### 6.《东林寺碑》李邕

古者将有圣贤，必应山岳。尼丘启于夫子，鹫岭保于释迦，衡阜之托思，天台之栖颛，岂徒然也！故知土不厚，则巨材不生；地不灵，则异人不降。阴骘潜运，玄符肇开，宿根果于福庭，大事萌于净土，其来尚矣。

东林寺者，晋太元九年，慧远法师之所建也。世居雁门楼烦，俗姓贾氏。童妙神悟，壮力精博。初涉华学，不读非圣之书。中留梵经，尤邃是田之说。尝就恒岳，觌止道安，如火遇薪，玉成于器，虽根种诸佛，而果得一时。狮子吼言，载闻顺喻。维摩诘答，更了空门。安住四依，修舍二法。和尚叹曰："吾道行者，唯此人焉！"属朱序寻戈，缁徒逃海，道由兹岭，冥契宿诚，谓其徒曰："是处崇胜，有足底居。居地若无流泉，曷云法宇？"大雄神庙，特异莲峰。结跏一心，开宗五力。以杖刺地，应时涌泉。既荷殊祥，因立精舍。坚持禁戒，弘演妙乘。浮囊毒流，木铎正教。首唱南部，转觉后人。以智慧力，断烦恼锁。由是真僧益广，妙供日崇。隘其本图，弘其别业。乃进自香谷，集坂安栖。即昙现之门生，邻慧永之阿若。相与撰平圃，逾层岩，在山之阳，居水之右。经其始而未究其末，有其所而未虞其劳。

当是时也，桓玄司人柄，干国钧，以福庄严，因憛檀施。书日力之费，尽土木之功。缭垣云连，厦屋天耸。如来之室，宛化出于林间。帝释之幢，忽飞来于空外。至若奥宇冬燠，高台夏清。玉水文阶而碧沙，瑶林藻庭而朱实。琉璃之地，月照灼而徘徊。栴檀之龛，吹芳芬而秘爵。相事毕集，微妙绝时。罗什致其澡瓶，巧穷双口。姚兴奉其雕像，工极五年。殷堪抠衣而每谈，卢循避席而累赞。道弘三界，何止八部宅心。声闻十方，足使诸天回首。观其育王赎罪，文殊降形。蹈海不沉，验于陶侃。迫火不爇，梦于僧珍。愿苟存诚，祈心通感。既多雨以出日，乍积阳以作霖。则有影图西来，舍利东化。或塔涌于地，或光属于天。谢客欣味而成文，刘斐诋诃而覃思。所以山亚五岳，江比四渎。地凭法而自高，物因词而益重。

洎梁有崇禅师者，传灯习明，安心乐行。指拳犹昔，薪尽如生。次有果、暗二法师，僧宝所钦，克和止观，法物为大，用继住持。上座昙杰、寺主道廉、都维那道真等，皆沐浴福河，栖止静业。诸结已尽，白黑双遣。众生可度，名色两忘。綦盛名于旧人，启新意于今作。重建雅颂，远托鄙夫。代斲有惭，岂云伤手。握笔余勇，曷议齐贤。但相如好仁，慕蔺名而激节。伯喈闻义，读曹碑而羡能。倘青色于蓝，冰寒于水，非曰能也，固请学焉。其词曰：

灵山兆发，真僧感通。刺泉有力，呵神致功。

法曹外演，禅心内融。性除偏执，门开太空。

瞻礼云集，底居峰薄。越岭图胜，降平规博。

信臣檀施，护供兴作。大起重阶，广延阿阁。

严幢涌出，宝塔飞来。尊客月满，法宇天开。

化城改筑，道树移栽。松清梵乐，石蔽华台。

金容海游，法宇山荐。毒龙业消，渔子心变。

万里西传，一时东现。华戎异闻，穷厚惊盼。

远实法主，谢惟文伯。光颂累彰，德名增益。

助起江山，声流金石。一言可追，千载相激。

了性了义，或古或今。止持绍律，定慧通心。

睹物情至，怀远道深。敢凭净业，永纪禅林。

# 附录三：

## 河东柳氏世系简表
## （截至公元906年）

**第一世：**

柳安，一名元安，讳汝瑛。河东解人，秦王末年甲午，封贤大夫，居河东解县，柳姓之郡自此昉焉。《姓篡》记："河东解，秦末有柳安。秦并天下，迁柳氏于河东，始居解（今山西省虞乡县）。

弟汝琏，字元尧。

**第二世：**

柳惟隗，讳寿益。汉高祖齐王相。

**第三世：**

柳守满，讳存节，汉文帝后元元年（前163），以扶王立德之功，封宏农侯，镇下州铜古洞。

**第四世：**

柳泰，汉景帝前元二年（前155），功封河东侯。子漠、允。

弟柳连垣，字大焜，孙弗陵迁广信府平县浮桥头。

**第五世：**

柳漠，仕太原太守。

柳允，汉武帝元鼎五年（前112）已巳封山东济宁路济州刺史。子祉。

**第六世：**

柳祉，汉昭帝元凤三年（前78）授御史中丞，爵封关内侯。子褒、怀实。

第七世:

柳褒,官位金马门侍诏。

柳怀实,字毕勾,汉宣帝本始元年(前73),朝觐考试。

直殿御史中丞。子丰。

第八世:

柳丰,讳玄庆,字孔衍。汉哀帝建平元年(前6)秋,北试,爵封关内侯,守丹州,为光禄大夫。

第九世:

柳颖,讳景就,字子兴。东汉光武帝建武三年(27)三月上置四亲庙,在洛阳功封晋阳侯,镇古巢蛮洞。

第十世:

柳馨,封关内侯。子以超、坦。

第十一世:

柳以超,字让立,一字伯延。汉和帝永元十年(98)三月笃举,授益州刺史。子宰。柳坦,扶风侯。

第十二世:

柳宰,字文友,汉桓帝永兴元年(153)授平阳守,置山西平阳路。

第十三世:

柳公施,讳惠,字受亲。汉献帝建安元年(196)丙子以扶王立国功,封关内侯,守古州八蛮洞。

第十四世:

柳仁清,由永丰县转徙饶州府乐平县。子轨、朝嬉。

第十五世:

柳轨,讳朝馥,字中正,一字正春。西晋武帝泰始元年(265)淅牍进士兼内外侍郎郎中,升廷尉。子景猷。柳朝嬉,子正乐。

第十六世:

柳景猷,讳回头,晋侍中。子耆、纯。

第十七世：

柳耆，讳文渊，字子琛。仕晋官司徒，汝南太守，派迁武昌江夏县，号西眷。子柳恭、柳琚。

柳纯，一名文纯，字子畴。西晋太常卿。东晋元帝建武元年（317），考授文林朗、太常卿，授东监军，平阳太守，关内侯。子习、卓。

第十八世：

柳恭，十六国时仕后赵。后魏河东郡守，安卿侯。南徙汝、颍，遂仕江表。

柳琚，字成真。子武宗、显宗。

柳习，字季言。仕晋，为襄阳侍讲，升尚书郎。妣潘氏，由河东徙居襄阳。

柳卓，仕晋为西晋济南太守，晋永嘉中，自本郡随晋室南迁，寓居襄阳，官至汝南太守。

第十九世：

柳辅，柳卓长子。

柳恬，西凉太守。柳卓次子。

柳杰，柳卓三子。

柳奋，柳卓四子。

第二十世：

柳平，柳辅子。

柳凭，冯翊太守。柳恬子。

第二十一世：

柳缉，河东解人，南朝宋司州别驾、宋安郡守。柳恭曾孙。

柳元景，河东解人，子孝仁，北魏勇将。柳凭子。本书有传。

柳叔宗，子双麟，宋建威参军。柳凭子。

柳叔仁，宋梁州刺史，黄门郎。以破臧质功，封宜阳侯，食邑八百户。柳凭子。

柳叔珍，义阳内史。柳凭子。

柳双虬，柳杰孙。

柳元怙，大名末，代叔仁为梁州，与晋安王子勋同逆，事败，归降。柳元景从兄。

柳先宗，大名初，为竟陵王诞司空参军，诞作乱，被杀，追赠黄门侍郎。柳元景从父弟。

柳光世，先留乡里，索虏以为折冲将军、河北太守，封西陵男。光世姊夫伪司徒崔浩，虏之相也。南朝宋元嘉二十七年（450），虏主拓跋焘南寇汝、颍，浩密有异图，光世要河北义士为浩应。浩谋泄被诛，河东大姓坐连谋夷灭者甚众，光世南奔得免。太祖以为振武将军。前废帝景和中，左将军，直阁。太宗定乱，光世参谋，以为右卫将军，封开国县侯，食邑千户。既而四方反叛，同阁宗越、谭金又诛，光世乃北奔薛安都，安都使守下邳城。及安都招引索虏，光世率众归降，太宗宥之，以为顺阳太守。子欣慰谋反光世赐死。柳元景从祖弟。

**第二十二世：**

柳僧习，善隶书，敏于当世。景明初，为裴植征虏府司马。稍迁北地太守，为政宽平，氐羌悦爱。景明中，与豫州刺史裴叔业归于后魏。肃宗时，至太中大夫，加前将军，出为颍川太守。为扬州大中正、尚书右丞。柳缉子。

柳崇，字僧生，河东解人也。七世祖轨，晋廷尉卿。柳崇方雅有器量，身长八尺，美须明目，兼有学行。举秀才，射策高第。解褐太尉主簿、尚书右外兵郎中。于时河东、河北二郡争境，其间有盐池之饶，虞坂之便，守宰及民皆恐外割。公私朋竞，纷嚣台府。高祖乃遣柳崇检断，民官息讼。属荆郢新附，南寇窥扰，又诏柳崇持节与州郡经略，兼加慰喻。还，迁太子洗马、本郡邑中正。转中垒将军、散骑侍郎。迁司空司马、兼卫尉少卿，又领邑中正。出为河北太守。柳崇初廊郡，郡民张明失马，疑十余人。柳崇见之，不问贼事，人人别借以温颜，更问其亲老存不，农桑多少，而微察其辞色。即获真贼吕穆等二人，余皆放遣。郡中畏服，境内帖然。卒于官，年五十六。赠辅国将军、岐州刺史，谥曰穆。柳崇所制文章，寇乱遗失。

柳敬起，字华之，起家中书博士，转城阳王文学。除宁远将军、尚书仪曹郎中、龙骧将军、平阳太守。卒。有五子。柳平孙。

柳仲起，字绍隆。举秀才，咸阳王禧为牧，辟西曹书佐。无子，兄子粹继之。柳平孙。

柳俊起，少有志尚。解褐奉朝请，转太尉默曹参军、伏波将军、司徒仓曹参军。卒。柳崇族子。

柳援，字乾护，身长八尺，仪望甚伟。解褐太尉铠曹参军，转护军司马。稍迁冠军将军、司空长史，转廷尉少卿。出除安西将军、南秦州刺史。寻为散骑常侍、镇军将军，转征西将军、金紫光禄大夫。迁车骑将军、右光禄大夫。卒，赠本将军、秦州刺史。俊起后父弟。

柳仲景，汝南王悦常侍。柳援从父弟。

柳世隆，字彦绪，河东解人。祖凭，冯翊太守。父叔宗，早卒。柳世隆仕南朝宋、齐两代，官至尚书令。

柳庆远，字文和，梁侍中云杜忠惠侯。柳叔珍子。

柳季远，梁中书侍郎、宜都太守。柳叔珍子。

柳庆宗，元景长子，有干力，而情性不伦，世祖使元景送还襄阳，于道中赐死。

柳嗣宗，元景次子，豫章王子尚车骑从事中郎。

柳绍宗、柳茂宗、柳孝宗、柳文宗、柳仲宗、柳成宗、柳秀宗皆嗣宗弟。以及叔仁弟卫军谘议参军僧珍等诸弟侄，在柳元景谋废帝事败露后，京邑及襄阳从死者数十人。

柳承宗，元景少子，在孕，获生。

柳元章，柳双虬子。姿貌魁伟。历太尉中兵参军、司空录事、司徒从事中郎，迁相州平东府长史。属刺史元熙起兵，欲除元叉。元章与魏郡太守李孝怡等执熙。赐爵猗氏伯，除正平太守。后灵太后反政，削除官爵，卒于家。

柳仲仁，柳双虬子。

柳季和，柳双虬子。

柳懿，河东解人，北魏末年车骑大将军、仪同三司、汾州刺史。柳纯六世孙。

第二十三世：

柳纂，柳嗣宗子，元景孙，遇祸时在孕，获生。

柳鷟，河东解人，后魏临淮王记室。柳僧习长子。

柳庆，字更兴，后魏侍中、左仆射、平齐景公。天性抗直，无所回避，为当时少有的直臣。历任北魏散骑侍郎、东阁祭酒、户曹参军。西魏平南将军、大行台右丞、抚军将军、民部尚书。北周被赐姓宇文氏，晋爵为公。柳僧习次子。

柳虬，字仲盘，仕北、西魏两朝，官至秘书监、车骑大将军、仪同三司，是朝廷执掌职典简牍的文官。元季海常对人说："柳郎中判事，我不复重看。"后周中书侍郎、美阳孝公。追赠兖州刺史，谥孝。柳僧习三子。

柳桧，仕周华阳太守。遇黄众宝作乱，攻陷华阳，桧为贼所害。柳僧习四子。

柳鸾，河东解人，柳僧习五子。

柳庆和，性沉静，不竞于时。起家奉朝请，稍迁轻车将军、给事中、本郡邑中正。卒。柳崇子。

柳楷，字孝则。身长八尺，善草书，颇涉文史。解褐员外散骑侍郎。随军西征，引为车骑主簿，仍为行台郎中。征还，以员外郎领殿中侍御史。转太尉记室参军，迁宁远将军、通直散骑侍郎、本郡邑中正。普泰初，简定集书省官，出除征虏将军、司徒从事、中书郎，转仪同开府长史。天平中，为肆州骠骑府长史，颇有声誉。又加中军将军。兴和中，抚军司马，遇病卒。柳崇子。

柳昂，字神护，性粗率。解褐奉朝请，转员外散骑侍郎。除太尉记室参军，迁谏议大夫，又转征虏将军、太中大夫、本郡邑中正。以母老解官归养，卒于家。赠征西将军、秦州刺史。柳敬起长子。

柳畅，字叔智。自奉朝请，三迁伏波将军、岐州征虏府长史。迁征虏将军、鲁阳太守。还，除左将军、太中大夫，转安东将军、光禄大夫，卒。赠卫大将军、雍州刺史，谥曰穆。柳敬起子。

柳范，字洪礼。卒于前将军、给事中、本州大中正。柳敬起子。

柳粹，字季义，出后叔仲起。武定末，平东、后军，迁辽西太守。柳敬起子。

柳达摩，武定末，阳城太守。柳仲起长子。

柳长粲，武定末，青州骠骑府中兵参军。柳援子。

柳恽，河东解人，字文通，南朝梁尚书左仆射，柳世隆子。

柳恽，河东解人，南朝梁重臣，柳世隆子。

柳憕，柳世隆四子。历侍中、镇西长史。梁武帝天监十二年（513），卒，赠宁远将军、豫州刺史。

柳忱，柳世隆五子。年数岁，父世隆及母阎氏时寝疾，忱不解带经年。及居丧，以毁闻。起家为司徒行参军，累迁太子中舍人、西中郎主簿，功曹史。

柳津，子元举，左民部尚书。柳庆远子。

柳遐，字子升，后周霍州刺史。柳季远子。

柳景宝，柳元章子。

柳景鸿，柳元章子。

柳赞，冀州刺史。柳季和子。

柳敏，字白泽。柳敏学识渊博，理政有方处台阁参与制定新制律令，是北周的一位谋臣。北周攻占河东，文帝对他说："不喜河东，喜得卿也。"他历任北魏散骑侍郎、河东郡丞，西魏丞相府参军事、户曹参军；平定益州有功，晋骠骑大将军、开府仪同三司、加散官侍中，旋即升为尚书，赐姓宇文氏。西魏恭帝三年（556），官拜礼部中大夫。北周晋爵为公，拜为河东郡守、复拜礼部中大夫，累迁郓州刺史、司宗中大夫、大将军，封武德郡公、太子太保等职。隋上大将军、武德郡公。柳懿子。

柳道茂，柳敏从祖弟。

第二十四世：

柳带，字孝孙，后周黄门侍郎、康城恺公。柳鸳子。

柳机（538—594），字匡时，河东解人，父柳庆。宇文邕赏识柳机才华，特引他为记室，当时他十九岁，宇文邕继位后，封柳机为宣纳上士，后任他为少纳言、太子宫伊。柳机参加灭齐战役后，以功封开府，转迁司中大夫，后惧祸请求外任，得华州刺史。杨坚阴谋篡权，大臣纷纷劝宇文阐禅位，单柳机不从众，被杨坚派为卫州刺史。杨坚事成，称隋文帝，召柳机回京，封为建安郡公，赐邑二千四百户，拜为纳言，身居相位。隋开皇十四年（594），柳机病死于京师，终五十六岁。赠为大将军，青州刺史，谥曰"简"。

柳旦，河东解人，字匡德，北周中书侍郎，济阴公。后仕隋，为黄门侍郎，新城男。柳庆子。

柳肃，字匡仁，隋工部侍郎。柳庆子。

柳鸿渐，柳虬子。

柳蔡年，后周顺州刺史。柳虬子。

柳止戈，后周洛州刺史。柳虬子。

柳待贾，柳虬子。

柳雄亮，柳桧子。

柳昂，柳敏子，字千里。以才干为北周武帝任用，历任内史中大夫，开府仪同三司，赐爵文城郡公，掌有书写诏诰之任，北周静帝大象二年（580），杨坚为大丞相总领百官，封柳昂为大宗伯。北周大定元年，杨坚称帝，授柳昂上开府，拜潞州刺史。

柳孝斌，柳道茂子。

柳德逸，武定末，齐王丞相府主簿。柳庆和子。

柳炳，柳炎子。

柳晖，梁吏部尚书。柳炎子。

柳映，柳炎子。

柳仲礼，河东解人，先为梁将，后败归北周，北周灭北齐后，举家迁回本土。柳津子。

柳敬礼，与兄仲礼，皆少以勇烈知名。起家著作佐郎，稍迁扶风太守。柳津子。

柳庄，河东解人，字思敏，柳季远孙。父柳遐仕梁，官至霍州刺史。柳庄博览坟典，兼善辞令，在后梁任中书舍人、黄门侍郎、吏部郎中、鸿胪卿等职。隋开皇七年（587），柳庄入隋，被授开府仪同三司、黄门侍郎，赐田宅。隋开皇十一年（591），因迁怒皇上，柳庄被授江南饶州刺史，几年后死于任上。终年六十二岁。

柳俭，河东解人，字道约，历史上有名的清官。北周时历任宣纳上士、畿伯大夫。隋文帝时，升任水部侍郎、封率道县伯。出任广汉郡太守，以能力强著称。后任邛州刺史十年，政绩卓著。受太子杨广忌害，被免职返乡，坐一辆破车，沿途妻儿衣食无着，看到的人无不叹息。隋炀帝时，被重新重用，授朝散大夫，弘化郡太守，赐帛一百匹让他赴任。隋炀帝问："清名天下第一的是谁?"朝臣道："数柳俭。"李渊率军进入长安，尊立恭帝，即唐武德元年（618），柳俭回到京师，相国赐给柳俭帛三百匹，拜为上大将军。唐武德二年（619），柳俭在家乡去世，终年八十八岁。柳景鸿子。

柳偃，字彦游，十二岁被引见皇上，皇上问读过什么书，答曰《尚书》。又问："有何美句?"答曰："德惟善政，政在养民。"在座听后十分诧异。皇上尚长城公主，拜驸马都尉，都亭侯，太子舍人，洗马，庐陵、鄱阳内史。大宝元年，卒。柳恽子。

**第二十五世：**

柳祚，隋司勋侍郎。柳带子。

柳续，仪曹郎中。柳带子。

柳述，柳机子，字业隆，少以父荫，为太子亲卫。后以尚主拜开府仪同三司、内史侍郎。在帝诸婿中，特所宠敬。岁余，判兵部尚书事。未几，起摄给事黄门侍郎事，袭爵建安郡公。仁寿中，判吏部尚书事。炀帝嗣位，柳述竟坐除名，与公主离绝。徙柳述于龙川郡。公主请与柳述同徙，帝不听，事见《列女传》。柳述在龙川数年，复徙宁越，遇瘴疠而死，时年三十九。

柳逊，职方郎中。柳机子。

柳逵，考功郎中。柳机子。

柳逞，礼部郎中。柳机子。

柳燮，都官郎中。柳旦子。

柳则，隋左卫骑曹参军。柳旦子。

柳绰，膳部员外郎。柳旦子。

柳楷，济、房、兰、廓四州刺史。柳旦子。

柳亨，字嘉礼，隋大业末，为王屋长，陷李密，已而归京师。姿貌魁异，高祖奇之，以外孙窦妻之。三迁左卫中郎将，寿陵县男。以罪贬邛州刺史，进散骑常侍。代还，数年不得调。持兄丧，方葬，会太宗幸南山，因得召见，哀之。数日，入对北门，拜光禄少卿。亨射猎无检，帝谓曰："卿于朕旧且亲，然多交游，自今宜少戒。"亨由是痛饬厉，谢宾客，身安静素，力吏事。终检校岐州刺史，赠礼部尚书、幽州都督，谥曰恭。柳旦子。

柳大隐，台州刺史，柳肃子。

柳謇之，字公正，隋黄门侍郎。柳蔡年子。

柳谔之，柳蔡年子。

柳颖之，屯田员外郎。柳蔡年子。

柳挺之，中书舍人。柳蔡年子。

柳赞，都官郎中。柳雄亮子。

柳客尼，柳孝斌子。

柳五臣，水部郎中。柳孝斌子。

柳宝积，职方员外郎。柳孝斌子。

柳调，柳昂子，起家秘书郎，寻转侍御史。左仆射杨素尝于朝堂见调，因独言曰："柳调通体弱，独摇不须风。"调敛板正色曰："调信无取者，公不当以为侍御史；调信有可取，不应发此言。公当具瞻之秋，枢机何可轻发！"素甚奇之。炀帝嗣位，累迁尚书左司郎。时王纲不振，朝士多赃货，唯调清素守常，为时所美。然于干用，非其所长。

柳诜，柳昶孙。

柳裘，河东解人，字茂和，隋大将军。文帝杨坚建隋的佐命功臣之一。仕梁时官拜尚书郎。北周时，自麟趾学士累迁至太子学士，后被拜为仪同三司，晋爵为公，任御史大夫，侍卫宫中。北周宣帝荒淫昏庸，二十岁就让位做太上皇，柳裘等五位宠臣密谋引外戚杨坚入朝辅政，杨坚不肯，柳裘说："时不可再，机不可失，今事已然，宜早定大计。天预不取，反受其咎，如更迁延，恐贻后悔。"于是，杨坚做了大丞相，都督中外诸军事，总揽朝政。柳裘因此晋位上开府，拜内史大夫。后杨坚猜防甚严，佐命功臣，多遭不幸，柳裘幸运，晋位大将军，被放为外任，做了许州刺史，转曹州刺史。后来，杨坚想起柳裘定策之功，想召其回京，柳裘寻卒。杨坚伤惜了很久。柳炳子。

柳顾言，河东解人，隋炀帝宠臣，秘书监、汉南公。柳晖子。

柳玄，柳仲礼子。

柳彧，字幼文，柳卓七世孙，柳仲礼之子。柳彧自幼好学，被北周大冢宰宇文护引为记室，后出为宁州总管掾，自荐为司武中士，转迁郑州守令。隋文帝时，迁升至尚书虞部侍郎、屯田侍郎、持书侍御史。正直闻于朝，百官敬服。巡省黄河以北五十二州，奏免不称职长史二百余人，州县官吏震惧，官场风气为之清肃。典故有"威劲二百吏，德被五十州"之说。他因此受嘉奖，赐绢布二百匹，毡三十领，加封仪同三司、散骑常侍。隋室篡权，受诬被削职，后杨谅欲结柳彧谋反，柳彧不与为伍，被囚，杨谅败后，隋炀帝召其还京，死于途中。

柳庆孙，柳庄子。

柳贞望，江州刺史。柳奋七世孙。

柳敬言，梁高宗皇后，柳偃女。敬言九岁，干理家事若成人。侯景之乱，与弟盼往江陵依梁元帝，元帝以其父柳偃尚长城公主之故，待敬言恩遇甚厚。高宗赴江陵，元帝将敬言配给高宗。梁元帝承圣二年（553），高宗与敬言生后主于江陵。第二年，江陵陷，高宗迁于关右，敬言与后主都留在穰城。陈文帝天嘉二年（561），与后主还朝，为安成王妃。高宗即位后，立敬言为皇后。当初，高宗居于乡里，先娶吴兴钱氏女，高宗即位后，拜为贵妃，甚有宠，敬言倾心下之。高宗崩，兴王叔陵作乱，后主靠敬言与乐安君吴氏相救而即位，尊敬言为皇太后，宫曰弘范。当时，新失淮南之地，隋师临江，又国遭大丧，后主病疮，不能听政，其诛叔陵、供大行丧事、边境防守及百司众务，虽假借后主之命，实际皆决定于太后敬言。后主疮愈后方才归政。陈亡之后，敬言进入长安，隋大业十一年（615），薨于东都，年八十三，葬在洛阳邙山。

柳盼，太建中尚世祖女富阳公主，拜驸马都尉。后主即位，以帝舅加散骑常侍。盼性愚戆，使酒，常因醉乘马入殿门，为有司所劾，坐免官，卒于家。赠侍中、中护军。柳偃子。

**第二十六世：**

柳震，郓州刺史。柳祚子。

柳范，唐贞观中为侍御史，当时吴王李恪喜好田猎，柳范敢向皇上谏言惩治。高宗时，历尚书右丞、扬州大都督府长史。柳祚子。

柳干，工部员外郎。柳祚子。

柳胤，陇州刺史。柳遂子。

柳莽，柳逊子。

柳子房，户部侍郎。柳燮子。

柳子宝，柳燮子。

柳奭，河东解人，字子邵，唐高宗宰相，累迁中书舍人，拜兵部侍郎，再迁中书侍郎。高宗永徽二年（651）拜相，任中书侍郎，翌年改任中书令，兼修国史。永徽五年（654），因晋升皇后的外甥女渐被唐高宗疏远，柳奭请辞，被左迁吏部尚书。皇后被废，累贬爱州刺史。后以大逆罪被诛。柳则子。

柳子敬，柳楷子。

柳融，柳则子。

柳子夏，徐州刺史。柳楷子。

柳子阳，柳亨子。

柳子贡，柳亨子。

柳威明，吏部郎中。柳謇之子。

柳慈明，职方郎中。柳謇之子。

柳然明，施州刺史。柳謇之子。

柳保隆，膳部郎中。柳谔之子。

柳言思，祠部郎中。柳待贾孙。

柳彦昭，太子文学。柳虬曾孙。

柳明伟，义川令。柳客尼子。

柳明亮，柳客尼子。

柳明谌，和州刺史。柳五臣子。

柳明逸，刑部员外郎。柳宝积子。

柳明肃，度支郎中。柳宝积子。

柳果仁，柳诜子。

柳崇礼，房州刺史。柳诜子。

柳善才，荆王侍读。柳映孙，奭子。

柳绍，左庶子，柳彧子。

柳楚贤，光禄少卿、杭州刺史。柳庆孙子。

柳崇贞，太原令。柳庆孙子。

柳季贞，柳庆孙子。

第二十七世：

柳俊，棣州刺史。柳震子。

柳齐物，睦州刺史。柳范子。

柳婕妤，唐玄宗妃，生延王玢。肃宗每见王，则语左右曰："我与王，兄弟中更相亲，外家皆关中贵族。"柳婕妤，尚书右丞柳范女，睦州刺史柳齐物妹。

柳婕妤妹，唐朝设有少府监和织染署，掌管纺织练染业。《唐语林·贤媛篇》载：唐玄宗妃柳婕妤的妹妹"性巧慧，因使工镂板为杂花象之""遍于天下"。她发明的织染术叫"夹缬"，以两块对称雕刻的夹缬板夹持织物进行染色，最后得到防染效果的图案。据说后来在唐宋时十分流行，明清时则多用于覆盖唐卡。

柳恽，柳干子。

柳儒，户部侍郎。柳干子。

柳知人，水部郎中。柳奭子。

柳爽，柳奭子。

柳产，膳部员外郎。柳奭子。

柳约，房州刺史。柳子敬子。

柳绎，夏令。柳子敬子。

柳从心，柳旦曾孙。

柳从裕，清池令。柳旦曾孙。

柳诚言，冀州司马。柳子阳子。

柳存业，肃州刺史。柳颖之子。

柳憬，海州长史。柳止戈曾孙。

柳敦，资阳令。

柳芳，字仲敷，著名史学家。初为永宁县尉，唐肃宗时转为史官，共编唐国史一百三十卷。任过拾遗、补阙、员外郎等职。唐肃宗末年，曾贬官黔中，路遇原玄宗宠臣高力士遭贬同行，从高力士那里得到不少开元、天宝时期的政治内幕，柳芳将其一一记下，重写了一部《唐历》四十卷。唐宣宗认为不错，着人又续了三十卷，使《唐历》和《续唐历》一并成为国史。

柳正巳，柳明伟子。

柳正礼，邠州司户参军。柳明伟子。

柳正元，大理评事。柳明谌子。

柳固节，柳崇礼子。

柳仲矩，柳崇礼子。

柳尚真，司门员外郎。柳逊子。

柳尚素，江宁令。柳善才子。

柳行满，给事中。柳玄孙。

柳温，柳楚贤子。

柳洽，柳楚贤子。

柳冲，平阳公，著名史学家。唐贞观年间，升至光禄少卿，并持节出使突厥，拒突厥巨贿。任交、桂二州都督、杭州刺史等职，善治闻名。武则天天授元年（690），司府寺主簿，受诏巡抚淮南，还朝后被封为河东县男。景龙年间，任左散骑常侍，入史官修撰国史，将旧的《氏族志》修成《姓氏实录》二百卷，后任太子詹事、太子宾客、宋王傅、昭文馆学士。唐玄宗开元二年（714），又受命进一步改定《姓氏实录》，事毕，获特赐绢百匹。曾祖父柳庄，父柳楚贤。开元五年（717）病故。

柳秀诚，扬州刺史。柳景宝四世孙。

柳贲，长安令。柳季贞子。

**第二十八世：**

柳喜，柳齐物子。

柳光庭，司部员外郎。柳胤孙。

柳充庭，蓟州都督。柳胤孙。

柳嘉泰，字元亨，右武卫将军。柳爽子。

柳元寂，主客员外郎。柳融孙。

柳遗爱，太子司议郎。柳绎子。

柳回、柳因、柳固，柳从心子。

柳某，临昂令。柳从裕子。

柳察躬，德清令。柳从裕子。

柳涣，中书舍人。柳诚言子。

柳泽，太子右庶子、华州刺史。柳诚言子。

柳良器，冀州刺史。柳子贡孙。

柳晖，宁州刺史。柳鸿渐五世孙。

柳弼，贝州刺史。柳慈明孙。

柳栖，妫州刺史。柳存业子。

柳璇，伊阳丞。柳憬子。

柳初，延州司马。柳敦子。

柳登，字成伯，柳芳子。登少嗜学，与弟冕咸以该博著称。登年六十余，方从宦游，累迁至膳部郎中。元和初，为大理少卿，与刑部侍郎许孟容等七人，奉诏删定开元已后敕格。长庆二年（822 年）卒，时年九十余，辍朝一日，赠工部尚书。弟冕。

柳冕，唐代散文家。字敬叔，父柳芳。柳冕承家学，文史兼擅。历官右补阙、史馆修撰，因事贬巴州司户参军。还为太常博士、吏部郎中，因言事切直，为执政者不容，出为婺州刺史。德宗贞元十三年（797），拜御史中丞、福州刺史，充福建团练观察使。因施政无状，诏命阎济美代行其职。归家后去世。赠工部尚书。柳冕与柳宗元为同族同辈，是韩愈、柳宗元倡导古文运动的先驱。他强调"文章本于教化"（《与徐给事论文书》），主张文道并重，尊经崇儒，认为"经术尊则教化美，教化美则文章盛，文章盛则王道兴"（《谢杜相公论房杜二相公书》），而对屈原以来的辞赋，则持论偏激，斥为"亡国之音"，"魏、晋江左，随波而不反"（《与徐给事论文书》）。他论文又强调"气"，即社会的风气、作者的志气、作品的生气（《答杨中丞论文书》《答衢州郑使君论文书》）为韩愈论气的先导；又主张"陈诗以观人风"（《答杨中丞论文书》），"文生于情，情生于哀乐，哀乐生于治乱"（《与滑州卢大夫论文书》），阐说文学与社会现实的关系。与白居易的诗论相近。《新唐书·艺文志》著录"《柳冕集》，卷亡"。《全唐文》存其文十四篇。事迹见新、旧《唐书》本传。

柳郑卿，咸安太守。柳赞曾孙。

柳子华，检校金部郎中。柳正礼子。

柳子温，丹州刺史。柳正礼子。

柳子金，南郑令。柳正礼子。

柳子平，柳正礼子。

柳思让，巴州刺史。柳尚真子。

柳俭，兵部员外郎。柳尚真子。

柳庆休，渤海丞。柳尚素子。

柳潭，杨玉环姐秦国夫人子。肃宗第三女和政公主降柳潭。驸马。

**第二十九世：**

柳贲，柳喜子。

柳并，字伯存。大历中，辟河东府长书记，迁殿中侍御史，终于家。柳喜子。

柳淡，字中庸，又叫柳中庸。唐朝诗人，柳并弟。萧颖士爱其才，以女妻之。幼善属文学东百氏诏授洪州户曹不就，高矜于贤侯之座以终世。柳喜子。

柳中行，与中庸以文章有名，都以为官早死。柳喜子。

柳宷，柳喜子。

柳弈，升州刺史。柳恽孙。

柳翊，膳部员外郎。柳儒孙。

柳叔璘，端州刺史。柳胤曾孙。

柳无恭，潭州刺史。柳知人孙。

柳佑良，柳嘉泰子。

柳少安，抚州刺史。柳元寂子。

柳开，侍御史。柳遗爱子。

柳某，旌德令。父临昂令，祖柳从裕。

柳镇，侍御史。柳察躬子。柳镇自幼聪慧，天宝末，经述高第，遇乱，奉母德清君夫人载家书隐王屋山。乱有闲，举族如吴。官至侍御史。贞元九年（793）卒，年五十五岁。

柳某（或缜），朔方营田副使、殿中侍御史。柳察躬子。

柳缥，华阴主簿。柳察躬子。

柳综，柳察躬子。

柳续，柳察躬子。

柳颐，宁国丞，柳初子。

柳建，金部郎中。柳初子。

柳璟，字德辉，柳登子。唐敬宗宝历元年（825）中第进士弘词科、三迁监察御史。唐文宗开成元年为翰林学士，奉诏与祖父柳芳等人撰《永泰新谱》二十篇，累迁吏部员外郎、吏部侍郎。后其子招贿，贬为信州司马，卒于柳州刺史任上。

柳珵，邵州刺史。柳冕子。

柳晟，六世祖柳敏，仕后周为太子太保。父柳潭，尚和政公主，官太仆卿。晟年十二，居父丧，为身孝。代宗养宫中，使与太子诸王受学于吴大瓘并子通玄，率十日辄上所学。既长，诏大瓘等即家教授。拜检校太常卿。德宗立，晟亲信用事。朱泚反，从帝至奉天，自请入京师说贼党以携沮之，帝壮其志，得遣。泚将右将军郭常、左将军张光晟皆晟雅故，晟出密诏，陈祸福逆顺，常奉诏受命，约自拔归。要籍朱既昌告其谋，泚捕系晟及常外狱，晟夜半坎垣毁械而亡，断发为浮屠，间归奉天，帝见，为流涕。乘舆还京师，擢原王府长史。吴通玄得罪，晟上书理其辜，其弟止曰："天子方怒，无诒悔！"不听。凡三上书，帝意解，通玄得减死。

柳甫，柳正巳孙。

柳公度，光禄少卿。柳子华子。

柳公器，柳子华子。

柳公绰，字宽，又字起之，祖籍河东，祖上徙居京兆华原，遂为京兆华原人，今陕西耀州区。唐著名书法家柳公权兄，贞元时两次登贤良方正科。历官渭南尉、殿中侍御史、吏部尚书，出为鄂岳观察使。大和四年（830）出为河东节度使，召还京后授兵部尚书。大和六年（832）卒，终年六十七岁，谥号"元"。柳子温子。

柳公权（778—865），字诚悬，我国古代著名书法家。

柳惟则，检校员外郎。柳明亮曾孙。

柳季华，柳粹七世孙。

柳椹，右金吾将军。柳裘五世孙。

柳识，字方明，屯田郎中、集贤殿学士。其文章有重名于开元、天宝间，与萧颖士、元德秀、刘迅相亚。柳庆休子。

柳浑，德宗宰相，柳庆休子。字夷旷，一字惟深，本名载。天宝初，擢进士第，调单父尉，累除衢州司马。弃官隐武宁山。召拜监察御史，台僚以仪矩相绳，而浑放旷不乐检局，乃求外职。宰相惜其才，留为左补阙。大历初，江西魏少游表为判官。路嗣恭代少游，柳浑迁团练副使。俄为袁州刺史。佑甫辅政，荐为谏议大夫、浙江东西黜陟使。入为尚书右丞。朱泚乱，柳浑隐匿终南山。贼素闻其名召为宰相。贞元元年（785），迁兵部侍郎，封宜城县伯。

柳晦，文州刺史。柳绍曾孙。

柳如芝，衡州刺史。柳绍曾孙。

柳升，长安令。柳洽孙。

第三十世：

柳道伦，柳并子。

柳尊师，讳默然，字希音，道士。柳中庸女。

柳翰，字周臣，柳宷子。

柳陟，字尧卿，柳宷子。

柳应规，兼殿中侍御史。柳叔璘子。

柳宽，字存谅，荆南永安军判官。柳开子。

柳宗元（773—819），字子厚，唐代文学家。柳镇子。

柳元方，万年丞。柳颐子。

柳韬，字藏用，柳璟子。

柳琪，柳冕子。

柳谠，字匡言，柳公度子。

柳希颜，柳公器子。

柳仲遵，柳公器子。

柳仲郢，字谕蒙，天平节度使。唐时与父叔并称为"一门三杰"。柳仲郢母，善训子，尝命粉苦参、黄连熊胆和为丸，使夜咀以助勤学。有"和丸教子仲郢母，用笔正心公权书"。柳公绰子。

柳仲宪，柳公权子。

**第三十一世：**

柳告，柳宗元子。

柳立，柳慈明六世孙。

柳弘礼、柳传礼、柳好礼，柳元方子。

柳佩，字辉长，柳希颜子。

柳璨，字焙之，昭宗宰相。少孤贫，好学，但为人鄙野不诚。进士出身，唐昭宗时擢为翰林学士，天祐元年（904）拜相。天祐二年（905），朱全忠篡权，柳璨曲意逢迎，大肆排斥异己，枉杀朝中大批重臣。朱全忠疑柳璨，贬柳璨为登州刺史，旋即又将柳璨诛杀。柳仲遵子。

柳瑀、柳琙，柳仲遵子。

柳璞，字韬玉，著作郎。柳仲郢子。

柳珪，子郊玄，一字镇方，卫尉少卿。柳仲郢子。

柳璧，字宝玉，右谏议大夫。柳仲郢子。

柳玭，御史大夫。柳仲郢子。

柳瑗，字虚中，柳仲宪子。

**第三十二世：**

柳怀素，字知白。柳璧子。

# 后　记

　　柳公权的书法作品和他的美名之所以能流传千载而不朽，不仅仅在于他在书法领域内所取得的成就，更重要的是他将自己的个性，对人生的感悟以及精益求精的态度完完全全地融入对书法的探索和创作之中。当我们一步步走近柳公权，去了解他的生平、探寻他的内心世界时，会发现，我们靠近的不是柳公权这样一个抽象的名字，而是走进了一个书法艺术的殿堂，在那些高大古朴、顾盼神飞的碑帖衬托下，柳公权的伟大变得具体而容易理解了。

　　宋代朱长文曾经说过："夫书者，英杰之余事，文章之急务也。虽其为道，贤不肖皆可学，然贤者能之常多，不肖者能之常少也。岂以不肖者能之而贤者遽弃之不事哉？若夫尺牍叙情，碑版述事，惟其笔妙则可以珍藏，可以垂后，与文俱传；或其谬恶，则旋即弃掷，漫不顾省，与文俱废，如之何不以为意也。"柳公权过人的才学、正直的为人、直言进谏的铁骨、精妙绝伦的书艺，不仅在儒家思想占统治地位的封建社会中称得上是"贤者"，即便在今天的社会，也同样是值得称道的。因此，柳公权美名远播、家喻户晓，其作品同样流传千古，称得上是"人与书俱传"了。

　　要熟悉柳公权，不观摩、临习他的碑帖是不可能的，要学习"柳骨"书风，同样离不开对柳公权人生经历的了解。本书以柳公权的生平经历来梳理"柳骨"书风的发展道路，以书法作品的风格来解读柳公权的内心世界。算是一次尝试，成败与否，还需要各位方家、读者品评指正。

　　本书的写作，得到了陕西省铜川市副市长王省安、铜川市文化局局长刘学敏、铜川市书画院院长刘根基、铜川市质监局王栓兴、铜川日报社记者李延军、耀州区区委宣

柳公權
评传

传部副部长边疆等先生的热情帮助，三秦出版社赵建黎、周世闻等先生为此书的出版付出了辛勤的劳动，陕西省社科院古籍所高叶青博士对此书稿进行了认真的校对，在此一并致谢！

# 参考文献

1. 〔西汉〕扬雄：《法言·问神》，山东友谊出版社，2001 年。

2. 〔东汉〕许慎：《说文解字》，中华书局，1998 年。

3. 〔晋〕陈寿：《三国志》，中华书局，1973 年。

4. 〔南朝齐〕王僧虔：《书录》。

5. 〔唐〕吴兢：《贞观政要》，上海古籍出版社，1999 年。

6. 〔唐〕虞世南：《笔髓论》，中国书店，2006 年。

7. 〔唐〕张彦远：《法书要录》，人民美术出版社，1986 年。

8. 〔五代〕王定保：《唐摭言》，上海古籍出版社，1978 年。

9. 〔后晋〕刘昫等：《旧唐书》，中华书局，1975 年。

10. 〔北宋〕司马光：《资治通鉴》，中华书局，1987 年。

11. 〔北宋〕欧阳修、宋祁：《新唐书》，中华书局，1975 年。

12. 〔北宋〕王谠：《唐语林》，古典文学出版社，1957 年。

13. 〔北宋〕欧阳修：《集古录目》，商务印书馆，1930 年。

14. 〔北宋〕苏轼：《苏东坡全集》，珠海出版社，1996 年。

15. 〔北宋〕黄庭坚：《山谷题跋》，上海远东出版社，1999 年。

16. 〔北宋〕释慧洪：《石门文字禅》，台湾商务印书馆，1980 年。

17. 〔南宋〕江少虞：《宋朝事实类苑》，上海古籍出版社，1981 年。

18. 〔南宋〕董逌：《广川书跋》，上海书画出版社，1998 年。

19. 〔南宋〕吴曾：《能改斋漫录》，上海古籍出版社，1979 年。

20. 〔南宋〕陈思：《书苑菁华》，北京图书馆出版社，2003 年。

21. 〔南宋〕胡仔：《苕溪渔隐丛话》，人民文学出版社，1962 年。

22. 〔明〕项穆：《书法雅言》，中华书局，1983 年。

23. 〔明〕王世贞：《池北偶谈》，中华书局，2006 年。

24. 〔明〕董其昌：《画禅室随笔》，江苏教育出版社，2005 年。

25. 〔明〕陶宗仪：《书史会要》，中国书店，1988 年。

26. 〔清〕杨守敬：《学书迩言》文物出版社，1982 年。

27. 〔清〕何焯：《庚子消夏记校文》，中华书局，1991 年。

28. 〔清〕梁巘：《承晋斋积闻录》，上海书画出版社，1984 年。

29. 〔清〕梁同书：《频罗庵论书》，中华书局，1985 年。

30. 〔清〕刘熙载：《艺概》，上海古籍出版社，1982 年。

31. 〔清〕彭定求：《全唐诗》，中华书局，1979 年。

32. 〔清〕徐松：《登科记考》，中华书局，1984 年。

33. 〔清〕吴德旋：《初月楼论书随笔》，中华书局，1999 年。

34. 〔清〕包世臣：《艺舟双楫》，北京图书馆出版社，2007 年。

35. 〔清〕康有为：《广艺舟双楫》，上海书画出版社，2006 年。

36. 〔清〕王澍：《虚舟题跋》，上海古籍出版社，1996 年。

37. 〔清〕刘廷献：《广阳杂记》，中华书局，1957 年。

38. 黄简：《历代书法论文选》，上海书画出版社，1979 年。

39. 侯镜昶：《书学论集》，华东师范大学，1982 年。

40. 杨震方：《碑帖叙录》，上海古籍出版社，1982 年。

41. 马宗霍：《书林藻鉴》，文物出版社，1984 年。

42. 赵文润：《隋唐文化史》，陕西师范大学出版社，1992 年。

43. 裘锡圭：《文字学概要》，商务印书馆，1996 年。

44. 刘文韬：《柳公权》，耀县文物旅游局，1996 年。

45. 谢稚柳：《鉴余杂稿》，上海人民美术出版社，1996 年。

46. 朱易安、傅璇琮：《全宋笔记（第二编）》，大象出版社，1996 年。

47. 卢辅圣主编：《中国书画全书》，上海书画出版社，1998 年。

48. 任平：《书法艺术论》，山西教育出版社，1999 年。

49. 叶鹏飞：《中国书法发展史》，天津古籍出版社，2000 年。

50. 倪文东：《柳公权》，河北教育出版社，2003 年。

51. 潘运告：《晚清书论》，湖南美术出版社，2004 年。

52. 刘临生、郝仰宁：《千秋舜都人物》，中国国际文化出版社，2004 年。

53. 傅雷译：《罗丹论艺术》，团结出版社，2006 年。

54. 房弘毅：《历代书法精论》（元代卷），中国书店，2007 年。

55. 向晋卫：《〈白虎通义〉》思想的历史研究》，人民出版社，2007 年。

56. 黄玉峰：《说苏轼》，上海辞书出版社，2008 年。

57. 王宏生：《北宋书学文献考论》，上海三联书店，2008 年。

58. 姚淦铭：《中国古代书法理论研究丛书·朱长文

〈续书断〉》，江苏美术出版社，2008 年。

　　59. 朱友舟：《中国古代书法理论研究丛书·姜夔〈续书谱〉》，江苏美术出版社，2008 年。